「元宇宙」解密

原理、技术及应用

胡 征 编著

化学工业出版社

·北京·

内容简介

本书从技术的视角出发，全面剖析了元宇宙的发展历程、理论框架、核心体系及基础设施。通过丰富的案例和生动的语言，详细解读了元宇宙的实现路径、人机交互等关键技术，并深入分析了元宇宙对经济的影响及其广泛应用场景。

本书旨在帮助读者建立起对元宇宙客观理性的认知。全书内容丰富、结构清晰、通俗易懂，案例丰富，无论你是专业人士、科技爱好者、投资者还是对未来趋势感兴趣的读者，本书都将为你提供宝贵的参考和洞见，让你紧跟时代步伐，把握元宇宙带来的机遇与挑战。

图书在版编目（CIP）数据

元宇宙解密：原理、技术及应用 / 胡征编著.
北京：化学工业出版社，2024.11.-- ISBN 978-7-122-44869-9

Ⅰ.F49

中国国家版本馆 CIP 数据核字第 2024Z5B974 号

责任编辑：曾　越　　　　　　　装帧设计：王晓宇
责任校对：王　静

出版发行：化学工业出版社（北京市东城区青年湖南街 13 号　邮政编码 100011）
印　　装：天津市银博印刷集团有限公司
880mm×1230mm　1/32　印张 9　字数 238 千字
2025 年 7 月北京第 1 版第 1 次印刷

购书咨询：010-64518888　　　　　售后服务：010-64518899
网　　址：http://www.cip.com.cn
凡购买本书，如有缺损质量问题，本社销售中心负责调换。

定　　价：69.80 元　　　　　　　　　　　　　版权所有　违者必究

前言

在科技日新月异的今天,元宇宙这一新兴概念犹如一颗璀璨的星辰,瞬间点燃了互联网投资圈的热情之火。"元宇宙"概念股的崛起,不仅让科技界与资本界为之沸腾,也引发了社会各界对于其未来潜力的广泛讨论与深刻思考。然而,在这股热潮之中也不乏质疑之声,担忧元宇宙是否仅仅是资本的又一场盛宴,或是潜伏着巨大的泡沫与骗局。

本书,正是在这股热潮中的一次冷静审视与深刻剖析。笔者从技术的视角,深入剖析元宇宙的发展历程与本质特征,力图揭开其神秘面纱,还原一个真实、客观的元宇宙图景。本书详细解读元宇宙的理论框架、核心体系及其赖以构建的基础设施,包括通信网络、算力平台及新技术应用等,并深入剖析了VR/AR/MR等关键技术对元宇宙实现的重要作用。同时,对元宇宙的实现路径、人机交互技术及关键创新点进行详尽梳理,从沉浸式声场、手势交互到脑机接口,全方位展示了元宇宙的应用特点。此外,本书还对元宇宙的经济体系进行了深入剖析,揭示了其经济系统、经济要素以及与数字经济的紧密联系,分析其可能为经济社会带来的变革与挑战。最后,本书展望了元宇宙的广阔应用场景,从教育、娱乐、医疗到游戏、旅游等多个领域,全面展示了元宇宙对未来社会生活的深远影响。

本书的目的,在于引导读者理性认识元宇宙的本质与价值。笔者坚信,元宇宙并非空中楼阁,而是基于多种新技术融合发展的新型互联网应用与社会形态。它的兴起,离不开技术进步的强大支撑与推动。因此，在这个技术飞速发展的网络时代，掌握元宇宙的相关知识，对于每一个人而言，都显得尤为重要。

　　为此，本书采用了通俗易懂的语言、丰富的图片以及生动有趣的案例，向读者深入浅出地介绍元宇宙的专业知识。无论你是计算机相关专业人士还是科技爱好者、投资者，抑或是对未来趋势感兴趣的读者，都能从中获益匪浅，建立起自己的元宇宙技术知识体系。让我们一起拥抱元宇宙，探索未来互联网的无限可能！

胡征

目录 CONTENTS

第一章　解构元宇宙　001

第一节　元宇宙的发展史　002
一、元宇宙的起源　002
二、全球科技巨头及国家争相布局元宇宙　003

第二节　元宇宙的概念　004
一、元宇宙是什么　004
二、元宇宙不是什么　009

第二章　元宇宙的理论框架　011

第一节　元宇宙的核心　012
一、元宇宙的特征　012
二、元宇宙的价值　015
三、元宇宙的本质　015

第二节　元宇宙的架构　016
一、元宇宙的特点　016
二、元宇宙的构成要素　018
三、元宇宙的框架　020
四、元宇宙的发展路径　021
五、元宇宙的虚实融合　022

Chapter 3

第三章 元宇宙的体系及价值链 025

第一节 元宇宙体系 026
一、元宇宙的资源配置 026
二、元宇宙的生活方式 026

第二节 元宇宙的经济体系 027
一、元宇宙的经济系统 027
二、元宇宙的经济要素 028
三、元宇宙与数字经济 030

第三节 元宇宙的价值链 031
一、元宇宙七层产业链 031
二、元宇宙产业参与者类型 033

Chapter 4

第四章 元宇宙的基础设施 037

第一节 通信网络基础设施 038
一、5G 038
二、6G 040
三、物联网 042

第二节 算力基础设施 043
一、边缘计算 043
二、云计算 044

第三节 新技术基础设施 045
一、人工智能 045
二、数字孪生 047

第四节 渲染 048
一、渲染概述 048
二、光线追踪 049
三、渲染方式 052

Chapter 5

第五章　元宇宙的实现路径：VR/AR/MR　057

第一节　VR 概述　058
　　一、VR 的取名　058
　　二、VR 的实现　058
　　三、VR 设备　061
第二节　VR 头显　062
　　一、头显设备概述　062
　　二、VR 头显的组成　063
　　三、VR 头显之镜片　066
　　四、主机系统　068
　　五、VR 设备操作系统　068
第三节　AR 概述　068
　　一、从现实到虚拟现实再到
　　　　增强现实　068
　　二、AR 概念　069
　　三、AR 与 VR 的区别　071
第四节　AR 显示系统　073
　　一、头盔显示设备　074
　　二、非头盔显示设备　075
　　三、AR 近眼显示系统　078
　　四、AR 显示系统的种类　079
第五节　MR 概述　080
　　一、MR 的概念　080
　　二、3D 电影、VR、AR、MR
　　　　的区别　083
　　三、XR 简介　087

Chapter 6

第六章　元宇宙的实时人机交互　089

第一节　沉浸式声场　090
　　一、沉浸式声场示例　090
　　二、二维声场到三维声场　090
　　三、传统音频定位理论　091
第二节　手势交互　092
　　一、手势识别　092
　　二、数据手套　094
　　三、光学标记　097
　　四、手部交互的发展趋势　097
第三节　眼动追踪　098
　　一、眼动追踪简介　098
　　二、眼动追踪技术原理　099
第四节　触觉反馈　100
　　一、触觉反馈简介　100
　　二、Tesla Suit 全身触觉反馈服　101
　　三、Tesla Suit 手套　102
　　四、惯性动作捕捉　102
第五节　语音交互　104
第六节　脑机接口　104
　　一、脑机接口概述　105
　　二、脑机接口原理　105
　　三、脑机接口分类　107

第七章　元宇宙的人机交互设备　109

第一节　显示器件：屏幕　110
第二节　清晰度和流畅度　115
　　一、清晰度　115
　　二、流畅度　118
第三节　传感器　119
　　一、加速度传感器　120
　　二、陀螺仪　120
　　三、地磁传感器　124
　　四、惯性传感器　125
第四节　控制器（手柄）　126
　　一、控制器概述　127
　　二、HTC Vive 手柄　129
　　三、Oculus Touch 手柄　130
　　四、Pico Neo3 手柄　131
第五节　体感设备　132
　　一、VR 体感枪 +Tracker 追踪器　132
　　二、体感控制器　134
第六节　动作捕捉设备　136
　　一、动捕手套　136
　　二、面部追踪器　136
　　三、全身无线动作捕捉系统　137
第七节　外设部件　138
　　一、基站（定位器）支架　138
　　二、VR 万向跑步机　139

第八章　元宇宙的呈现之虚拟世界：VR 系统　141

第一节　VR 设备　142
　　一、VR 眼镜及典型代表　142
　　二、沉浸感　143
　　三、佩戴舒适度　145
　　四、VR 设备连接　148
第二节　VR 关键技术：追踪系统　151
　　一、追踪系统　151
　　二、"由外向内"（outside-in）定位及典型案例　154
　　三、"由内向外"（inside-out）定位及典型案例　160
第三节　VR 资源　165
　　一、影视资源　165
　　二、游戏资源　165
　　三、游戏资源介绍：Steam 蒸汽平台　166
　　四、内容制作　167

第九章　元宇宙的呈现之虚实相生：AR 系统　171

　　第一节　AR 眼镜　172

　　　　一、AR 眼镜的硬件组成　172

　　　　二、AR 眼镜的开发平台　174

　　　　三、AR 眼镜的分类　174

　　　　四、AR 眼镜典型设备　177

　　第二节　光机　178

　　　　一、光机概述　178

　　　　二、LCOS　180

　　　　三、OLEDOS　181

　　　　四、Micro LED　183

　　　　五、DLP　184

　　第三节　AR 模组
　　　　　（光学组合器）　187

　　　　一、棱镜方案　188

　　　　二、Birdbath 方案　189

　　　　三、自由曲面方案
　　　　　（"虫眼"光学设计）　190

第十章　元宇宙之 AR 系统的关键技术　195

　　第一节　光波导　196

　　　　一、光波导概述　196

　　　　二、光波导方案的分类　201

　　第二节　场景理解　204

　　　　一、场景理解概述　204

　　　　二、物体检测和识别　206

　　第三节　虚实相生　207

　　　　一、虚实相生概述　207

　　　　二、跟踪　209

　　　　三、标定　211

　　　　四、三维注册（配准）技术　211

第十一章 元宇宙的认证机制：区块链 215

第一节 区块链概述 216
一、元宇宙的层次结构 216
二、区块链的技术背景 217
三、区块链的基本概念 218

第二节 区块链技术 220
一、区块链的技术架构 220
二、区块链的工作原理 222
三、区块链的关键技术 222
四、区块链的发展展望 224
五、区块链于元宇宙的价值 226

第十二章 元宇宙的通证经济：NFT 229

第一节 通证 230
一、通证概述 230
二、通证的属性 230

第二节 元宇宙与NFT 231
一、Web3.0与数字化资产 231
二、NFT与元宇宙世界 232
三、什么是NFT 233

第三节 NFT的原理及价值 234
一、NFT的原理 234
二、NFT的价值 234
三、数码艺术作品NFT过程演示 236

第四节 NFT的发行和交易 237
一、如何参与NFT 237
二、NFT的发行和交易平台 238

Chapter 13

第十三章 元宇宙的智能合约 241

第一节 智能合约概述 242
一、智能合约与传统合约 242
二、智能合约的特征 243
三、智能合约的概念 243

第二节 智能合约的价值 244
一、智能合约的应用场景 244
二、智能合约的法律问题 247
三、元宇宙的法律和伦理 248

Chapter 14

第十四章 元宇宙应用 251

第一节 教育 252
一、职业培训 252
二、教育培训 254
三、虚拟情景学习系统 255

第二节 巨幕影视与娱乐 256
一、VR 应用之巨幕影视 256
二、AR 应用之巨幕影视 256
三、AR 应用之娱乐 257

第三节 医疗 257
一、Magic Leap 眼镜 257
二、HoloLens 2 眼镜 258

第四节 游戏与旅游 259
一、VR 应用之 VR 游戏 259
二、VR 应用之 VR 旅游 259

第五节 虚拟社交与虚拟会议 260
一、VR 应用之虚拟社交 260
二、VR 应用之虚拟会议 261

第六节 看房与工程施工 262
一、VR 应用之 VR 看房 262
二、AR 应用之工程施工 263

第七节 3D 模型与视频 263
一、3D 模型 263
二、AR 应用之视频 265

第八节 虚拟世界 266
一、Decentraland，基于以太坊的 3D 虚拟世界 266
二、The Sandbox，基于以太坊的虚拟世界 266

第九节 NFT 数字藏品与去中心化游戏 267
一、无聊猿（BAYC）NFT 数字藏品 267
二、去中心化回合制策略游戏 Axie 268

参考文献 271

Chapter 1

第一章

解构元宇宙

元宇宙寄托了人类对自由探索理想虚拟世界的美好愿景，它是人类自在其中的第二乐园？还是如《黑客帝国》Matrix一样的反乌托邦世界？下面让我们来解构元宇宙，一起来探讨元宇宙的缘起，科技巨头的布局情况如何，如何理解元宇宙，元宇宙表现为哪些形态，当前的技术现状距离元宇宙有多远。

第一节　元宇宙的发展史

一、元宇宙的起源

"元宇宙"一词最早起源于1992年出版的美国科幻小说《雪崩》（Snow Crash），而后电影《黑客帝国》三部曲、《创：战纪》《头号玩家》以及《失控玩家》则把人们对元宇宙的构想和解读搬上了大银幕，让我们得以隔屏感受到许多科技公司所预言的下一代互联网——元宇宙。

美国作家尼尔·斯蒂芬森在《雪崩》（如图1.1所示）中描述了这样一个世界："戴上耳机和目镜，找到连接终端，就能够以虚拟分身（Avatar）的方式进入由计算机模拟、与真实世界平行的虚拟空间。"

作者将这个人造的平行于现实世界的虚拟世界称为"元宇宙"（Metaverse），它拥有现实世界的一切形态。用户在其中都是第一人称视角，每个接入的用户都可以拥有一个自己的虚拟分身Avatar，可以自由定义Avatar的形象。现实世界中的所有人和事都可以被数字化复制到这个虚拟三维世界里，用户可以在这个世界里做任何在真实世界中可以做的事情。

2018年问世的科幻电影《头号玩家》（图1.2）中的"绿洲"（Oasis），

图1.1　英文原版雪崩

图1.2　电影《头号玩家》

进一步具象呈现了 Metaverse 的可能样貌，被认为是目前为止最符合《雪崩》中描述的"元宇宙"的形态。在电影中，男主角戴上 VR 眼镜就能进入被称为"绿洲"的虚拟世界，在这个虚拟世界里，有一个完整运行的虚拟社会形态，包含跨越实体和数字世界的经济系统、数据、数字物品、内容以及 IP 都可以在其间通行，用户和公司可以进行内容创作、商品交易。

二、全球科技巨头及国家争相布局元宇宙

"元宇宙"以前仅存在于小说和电影中，然而 2021 年 3 月，沙盒游戏平台 Roblox（罗布乐思）第一个将"元宇宙"概念写进招股书，成功在纽约证券交易所上市，首日市值就突破 400 亿美元，引爆"元宇宙"热潮。

2021 年 4 月，英伟达 CEO 黄仁勋宣布英伟达将布局"元宇宙"业务，2021 年 8 月 10 日，英伟达（NVIDIA）发布全球首个为元宇宙建立的基础模拟和协作平台。

2021 年 5 月，Facebook 联合创始人、首席执行官马克·扎克伯格（Mark Zuckerberg）希望在未来用 5 年左右的时间，将 Facebook 转型为一家元宇宙公司。

2021 年 8 月，字节跳动斥 90 亿元人民币的巨资收购专注移动虚拟现实技术与产品研发的科技公司 Pico。

2021 年 10 月，扎克伯格发布公开信：公司名称改为元宇宙（Metaverse）的前缀——"Meta"，意为超越 2D 屏幕，转向 AR/VR 等沉浸式体验。除 Facebook 集团更名外，Facebook 股票代码也自 12 月 1 日起改成"MVRS"。

腾讯、爱奇艺、快手等互联网公司纷纷抢注元宇宙商标，越来越多的投资者向有可能带来可观回报的颠覆性元宇宙初创公司投资。

事实上，不仅是各大科技公司争相在元宇宙领域中布局，一些国家政府部门也积极参与其中，如图 1.3 所示。

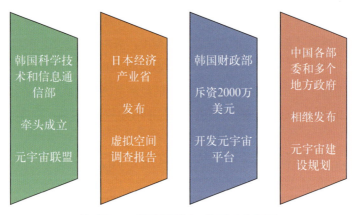

>> 图1.3 多国积极参与"元宇宙"项目

2021年5月18日,韩国科学技术和信息通信部举行了由现代汽车公司、SK电讯、LG Uplus、Kakao Entertainment等公司、相关组织和协会组成的"元宇宙联盟"的成立仪式,该联盟将推动"元宇宙"技术和生态的发展。

2021年7月13日,日本经济产业省发布了《关于虚拟空间行业未来可能性与课题的调查报告》,对日本虚拟空间行业的现状和亟须解决的课题进行了总结。

2021年8月31日,韩国财政部发布2022年预算,计划斥资2000万美元用于元宇宙平台开发。

2022年,中国多部委和多地政府将"元宇宙"纳入高新领域范畴,并要大力培育发展相关产业。

第二节 元宇宙的概念

一、元宇宙是什么

那么,元宇宙到底是什么?我们离它还有多远?为何各大IT公司纷纷入局元宇宙?

很多读者觉得"元宇宙"这个概念既新奇又困惑,最主要的原因在于"元宇宙"的翻译。元宇宙由英语单词 Metaverse 翻译而来,前缀"meta"可以翻译成"元",也可以翻译成"超"。其后缀"verse"则是"universe"的简写,中文翻译为"宇宙",两者合起来,Metaverse 就是"元宇宙"或"超宇宙"的意思(如图 1.4 所示)。但是,这两个翻译,表达着两个完全不同的意思。

$$\text{Metaverse} = \text{meta} + \text{verse}$$
$$(\text{元}/\text{超}) \quad (\text{宇宙})$$

>> 图 1.4　Metaverse 的定义

首先来看"元"这个翻译,通常用来讲述本质,多被阐释为"关于什么的什么(Sth.about Sth.)",如元数据(Metadata)。在一个网页的代码中,最上面一段数据,就称为 Metadata,主要是描述数据属性,用来支持指示存储位置、历史数据、资源查找、文件记录等功能,也就是"关于数据的数据"。

再来看"超"这个翻译,通常用于讲述延展,如 Meta Physics(形而上学),指研究世界的本源是什么,即研究一切存在者、一切现象(尤其指抽象概念)的原因及本源。

Metaverse,真正所要表达的意思不是"关于宇宙的宇宙",而是"超越现实的宇宙"。所以,"超宇宙"才是更准确的翻译。其意思为:随着 VR/AR/MR、计算机视觉技术、区块链技术、5G、人工智能技术的发展,在现实的宇宙以外,由计算机系统生成的一个虚拟的宇宙。虚拟宇宙"延展"了,或者说"超越"了现实的宇宙,即"超宇宙",旨在表明元宇宙是一种虚拟与现实无缝链接、深度融合的数字世界,其能够产生超越现实世界的显著价值(图 1.5)。

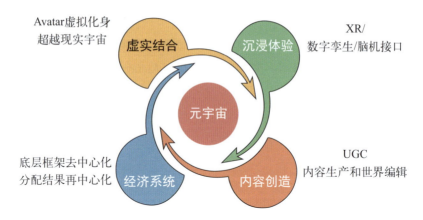

>> 图 1.5　Metaverse 体现了人类对理想世界的追逐

但是，目前大家已经广泛地将 Metaverse 称呼为元宇宙了，我们也就遵照习惯统一地以元宇宙来称呼。

综上，元宇宙这三个字虽然看上去很科幻，但实际上并不是一个全新的概念，更像是一个经典概念的重生，是在 5G/6G、人工智能、数字孪生、VR/AR/MR、区块链、通证、NFT 等技术下的概念具化（图 1.6）。

>> 图 1.6　元宇宙的概念具化

另一方面，在前沿科技领域，新技术、新概念定义的暂时缺失是一个普遍的现象。回归到概念本身，可以将元宇宙归纳为在虚拟环境中搭建的"现实世界"，又或者说是现实世界的一种"高级映射"，如图 1.7 所示。

>> 图 1.7 元宇宙是现实世界的映射

在元宇宙的世界里面有新的人物角色、经济、社交、文明和社会形态等。在现实世界中地理位置彼此隔绝的人们通过各自的数字分身 Avatar 进入虚拟世界，现实中人们可以做到的事，都可以在元宇宙中实现，甚至在现实中做不到的事，比如开飞机、开坦克等，也可以在元宇宙中得到体验，如图 1.8 所示。

首先，戴上 AR 头盔或 VR 眼镜、耳机、脑机接口等设备

然后，我们的意识传送到虚拟分身中，在虚拟世界中，我们可以自行定制虚拟分身的形象、身高、体型、穿着

我们是第一视角，有种身临其境的感觉，视觉、触觉、味觉、听觉等全都具备，跟现实世界的感受一模一样

在虚拟世界里，我们可以玩游戏、跳舞、购物，也可以办公、商务洽谈，还可以做现实中做不到的事，如飞起来、瞬间位移等等

>> 图 1.8 元宇宙演示

由于现在的 VR 眼镜或者 AR 头盔在技术上还欠缺太多，所以目前的元宇宙还处于比较早期的低配版阶段，如图 1.9 所示。真正的元宇宙为所有用户提供多维、沉浸式的数字体验，你在虚拟世界中被对手打了一拳，会真的感觉到痛；下雨了，会感觉到自己身上被水淋湿；晒太阳时可以感

到阳光的温暖……

元宇宙的形态

准元宇宙	低配版元宇宙	高配版元宇宙	终极版元宇宙
电子游戏+虚拟人	VR+AR+MR+NFT	多种交互形式 用户的感官体验提升	脑机接口 现实世界的完全映射

>> 图1.9　目前元宇宙尚处于低配版阶段

清华大学的研究报告对元宇宙给出了一个独特的解释：元宇宙是整合多种新技术而产生的新型虚实相融的互联网应用和社会形态，它基于扩展现实技术提供沉浸式体验，基于数字孪生技术生成现实世界的镜像，基于区块链技术搭建经济体系，将虚拟世界与现实世界在经济系统、社交系统、身份系统上密切融合，并且允许每个用户进行内容生产和世界编辑，如图1.10所示。

>> 图1.10　元宇宙：沉浸+叠加+混合+NFT

在这种技术逻辑的约束下，无论称之为元宇宙、虚拟空间、赛博物理系统、数字孪生，还是谷歌称它是移动互联网的下一个阶段，或是扎克伯格表示"它是移动互联网的继任者"，再或是现在听起来已经没有那么夺目的物联网、人工智能，其实都有异曲同工的妙义。也就是说，无论如何定义，"元宇宙"只不过是个代名词罢了。

现在我们就能明白，2021年这一波"元宇宙"概念股的炒作，更多只是虚拟现实改了个名字而已。最后引用扎克伯格的话："最好理解元宇宙的方式就是去亲身体验，但这并非易事。"因为谁也不知道元宇宙最后会是什么样子。

二、元宇宙不是什么

一万个人眼中有一万个哈姆雷特,今天的元宇宙亦是如此,如图 1.11 所示。

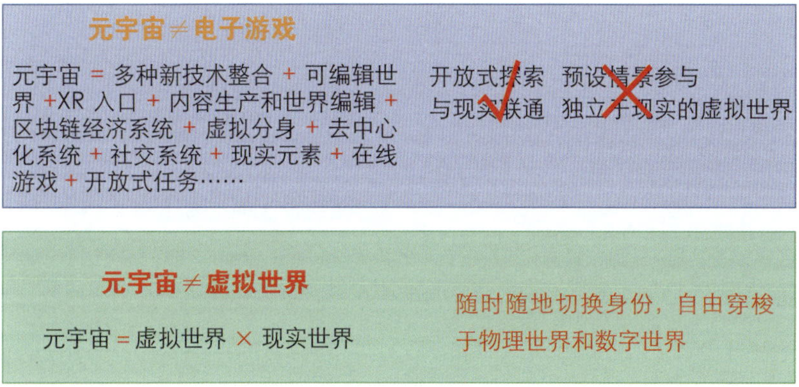

元宇宙 ≠ 电子游戏

元宇宙 = 多种新技术整合 + 可编辑世界 + XR 入口 + 内容生产和世界编辑 + 区块链经济系统 + 虚拟分身 + 去中心化系统 + 社交系统 + 现实元素 + 在线游戏 + 开放式任务……

~~开放式探索 预设情景参与~~
~~与现实联通 独立于现实的虚拟世界~~

元宇宙 ≠ 虚拟世界

元宇宙 = 虚拟世界 × 现实世界

随时随地切换身份,自由穿梭于物理世界和数字世界

>> 图 1.11　元宇宙不是什么

可以确定的是,人们可以在 5G/6G、人工智能、数字孪生、VR/AR/MR、区块链、NFT、通证等多种新技术产生的虚拟空间中学习、工作、交友、购物、旅游等。去中心化平台让玩家享有所有权和自治权,通过基于扩展现实(Extended Reality,XR)的数字化服务获得沉浸式体验,将虚拟世界与现实世界在经济系统、社交系统、身份系统上密切融合,这些系统相互形成了一个完整的社会,依托于现实世界,但又超脱于现实,将我们对可能性的奇幻畅想赋予其中:与钢铁侠一起登上长城,在白雪公主童话世界里举办生日宴会,结束一天的工作后在三亚的海边放松心情,这都仅仅是元宇宙能够带给我们的一个缩影。

Chapter 2

第二章

元宇宙的理论框架

人类是生活在物质宇宙的三维生物,当一个词敢与宇宙比时,最基本的要求当然是重构一个三维空间。宇宙建立在客观的物理规律上,元宇宙作为人类社会的数字产物,其核心、架构是什么呢?

第一节　元宇宙的核心

一、元宇宙的特征

当前，尽管行业内对于元宇宙的最终形态还没有细致的描述，关于元宇宙的一切都还在争论中，但元宇宙所具有的基本特征已得到业界的普遍认可。其基本特征包括持续性、兼容性、实时性、经济属性、可连接性、可创造性。

① 持续性：元宇宙平台的建设和发展不会"暂停"或"结束"，而是以开源、开放的方式运行并无限期地持续发展。

② 兼容性：开源开放包括技术开源和平台开源，元宇宙通过制定"标准"和"协议"将代码进行不同程度的封装和模块化。

③ 实时性：具有同步性和高拟真度的虚拟世界是元宇宙构成的基础条件。元宇宙虚拟空间与现实社会保持高度同步和互通，交互效果逼近真实，即现实社会中发生的一切事件将同步于虚拟世界，同时用户在虚拟的元宇宙中进行交互时能得到近乎真实的反馈信息。

④ 经济属性：在元宇宙中，用户不仅可以塑造自己的虚拟身份、虚拟社群，开展自己的生活，还可以通过开发虚拟房产、虚拟艺术品、数字货币来构建一整套经济系统。在元宇宙中，用户的生产和工作活动的价值将以平台统一的货币形式被确认和确权，用户可以使用这一货币在元宇宙平台内进行消费，也可以通过一定比例"兑换"成现实生活中的法定货币。毫无疑问，经济系统的闭环运行是驱动和保障元宇宙不断变化和发展的动力引擎。

⑤ 可连接性：数字资产、社交关系、物品等都可以贯穿于各个虚拟世界之间，并可以在"虚拟世界"和"真实世界"间转换。

⑥ 可创造性：不同需求的用户都可以在元宇宙中进行自主创新，自行创造虚拟世界中的内容，构建完全由用户创造的虚拟世界，不断拓展元宇宙的边界。

元宇宙的六个特性如图 2.1 所示。

>> 图 2.1 元宇宙的六个特性

我们可以根据上述六个特征来判断一款应用是否具备元宇宙概念。

《动物森友会》：不是元宇宙，虽然具有社交属性并有一定的可创造性，但是不包含任何与现实连接的经济属性，因此不是元宇宙。

《我的世界》（Minecraft）：不是元宇宙，同样地，其不具有与现实连接的经济属性。

《Roblox》：已具备元宇宙的初级形态。跟《我的世界》相比，Roblox 具备可连接性，也就是说，用户可以从平台上的一个游戏跳到另一个游戏中，同时用户所拥有以及可赚取的虚拟货币 Robux，也可以在现实生活中兑换成真钱（经济属性）。但 Roblox 还没有做到现实世界的完全投射，而且整个环境还比较粗糙，沉浸式体验程度较低。

《第二人生》：一个开放世界而非专注游戏，具有元宇宙概念，但沉浸体验程度低。

元宇宙的雏形——《第二人生》程序

2004年至2005年出现的应用程序《第二人生》已把元宇宙表现方式呈现出来。在《第二人生》中，人们可以在网上建立虚拟的个人世界，创建数字身份，通过ID号拥有第二份人生。《第二人生》实际就是今天探讨的元宇宙雏形。

当然，那时并没有NFT、数字资产的概念，没有区块链等技术。随着元宇宙的发展，还会不断有创新技术加入，让元宇宙获得更大发展。但在《第二人生》中，已经可以窥探元宇宙的秩序：应用程序里的"居民"可以购买网络虚拟资产、虚拟地产，创建和发行各种数字作品，对虚拟地产和数字产品拥有所有权、命名权、转让权。

《第二人生》还发明了虚拟货币Linden Dollar。这种虚拟货币在程序中设有虚拟交易所，甚至可以跟美元兑换，与现实社会互动。《第二人生》也为用户提供虚拟工作场景，很多企业可以创建虚拟场景来给员工开会、举办活动、培训。程序还给企业客户提供了新品的演示、培训中心。IBM就在《第二人生》建立了十几个岛屿。马尔代夫、瑞典、爱沙尼亚、哥伦比亚、菲律宾、阿尔巴尼亚、以色列、马耳他等主权国家也在《第二人生》开办大使馆。《第二人生》中有虚拟艺术展、体育比赛、远程教育、宗教仪式，甚至游行示威，《第二人生》就是一个数字社会。

《第二人生》的媒体、社交属性成为大众传播的重要渠道，程序中传播的信息对现实社会产生了重要影响。2006年5月，《第二人生》登上《商业周刊》封面。报道中特别介绍在《第二人生》中通过数字产品交易诞生了第一位百万富翁。当时很多人预测，《第二人生》开辟了数字虚拟世界，也就是今天的元宇宙。

但《第二人生》并没有延续至今，反而慢慢衰退。为什么《第二人生》没有发展起来？一个重要原因是技术和基础设施限制，它基于当时PC的互联网，缺乏能让用户长时间使用的应用和内容。当年，3G、4G技术还没有兴起，与5G广泛应用和普及的当代相比，局限很大，云计算也尚未成为主要的算力基础。

二、元宇宙的价值

元宇宙能为我们带来什么？元宇宙不仅是下一代互联网，更是人类对未来美好生活方式的向往。用户可以通过元宇宙获得游戏、社交、内容创作和消费等体验，并实现线上线下的生产、生活一体化，步入各行各业数字化的 3D 互联网时代，如图 2.2 所示。

个人能够更多地拓展自我生命的边界，增加人生的多元化体验
如：避免舟车劳顿、虚拟旅游、虚拟试装

丰富多彩的元宇宙，为自己的物理世界增值
如：避免地位尊卑、虚拟社交、虚拟游戏

承载人类现实活动的虚拟世界，提高了我们的幸福指数
如：避免交通拥挤、虚拟办公、虚拟会议

改造当前的社会经济生态，为社会创造广阔的价值空间
如：新行业、新产业、新岗位

>> 图 2.2　元宇宙的价值

三、元宇宙的本质

从本质上来看，元宇宙实现了数字与现实的"五大融合"：一是数字世界与物理世界的融合，即虚实融合，元宇宙将数字世界和物理世界完美融合在一起，建设一个人类工作、学习、娱乐、社交的新空间，是未来生活方式的主要载体，更是一个人人都能参与的数字新世界；二是数字生活与社会生活的融合，元宇宙融合应用区块链、5G、虚拟现实、增强现实、人工智能、物联网、大数据、边缘计算等前沿 IT 技术，让每个用户都可以真正摆脱物理世界的束缚；三是数字身份与现实身份的融合，基于资产和身份的可信数字化，在新的融合空间中成就更好的自我，实现自身价值的最大化；四是数字资产与实物资产的融合，元宇宙本身是一个全新的数字化空间，而在这个数字化空间中又会诞生出全新的数字经济、文化以及生态；五是数字经济与实体经济的融合，元宇宙既是数字空间的新物种，

也是孕育数字经济新物种的母体。

综上,元宇宙的本质就是下一代互联网。Facebook认为:"元宇宙可视为移动互动网的继任者,能够让人们更自然地连接互联网。"正如从以PC为代表的互联网过渡到以智能手机为代表的移动互联网,现在,上网终端也将由智能手机过渡到VR/AR/MR设备,开始互联网下一个20年的演变周期,人类将迎来元宇宙时代。互联网时代变革如图2.3所示。

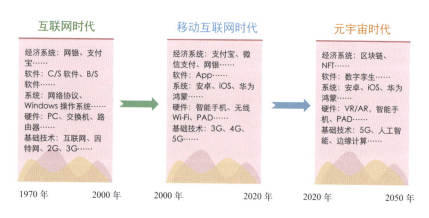

>> 图2.3 互联网时代变革:推动文明发展

第二节 元宇宙的架构

一、元宇宙的特点

前两代互联网(互联网和移动互联网)存在以下问题:

① 前两代互联网学习成本高。使用互联网必须先学会使用电脑软硬件知识,即使是图形界面的Windows也需要专门学习才能遨游于网络之中。对于智能手机,很多老年人不会用。

② 前两代互联网以产品为中心，而不是以用户为中心。如要在网络上买一台笔记本电脑，就要先登录一个网络商城，搜索笔记本电脑跳转到相应的页面，然后找到喜欢的笔记本电脑品牌，挑选性价比高的型号。这一过程就是以产品为中心，在想要的产品中间隔着多重路径，得一步一步到达。

③ 前两代互联网是联合体，不是统一体。不同的网站之间、不同的App之间的数据都是独立的，即你登录了一个网站或App，在另一个网站或App中还要重新登录，并且这些账号和数据归属于各个公司。你在一个一个网站或App里发的文字和图片，在另一个网站或者App需要复制重发，这种独立性，带来了极大的操作负担和数据存储负担。

元宇宙作为下一代互联网，是以用户为中心的虚拟世界。具有以下特点：

① 由于是以用户为中心，虚拟世界的每个元素到用户的距离都是相等的，如用户想要游览黄鹤楼，说出或输入"黄鹤楼"，用户就身处黄鹤楼的虚拟世界中。用户想吃热干面，说出或输入"热干面"，各种"热干面"商品就到了用户面前，供用户选购。

② Windows 和安卓 /iOS，是采用图标的形式排列在桌面上，需要打开某个应用时，就点击它。而元宇宙是基于用户意图的，用户需要什么，通过相应操作将自己的思维即时转化为具体有形的产品，展示给用户面前，即"可想即可得"。

③ 元宇宙的使用门槛和学习成本非常低。用户只需用语音即可操作元宇宙，以人工智能技术为基础技术的元宇宙，用户不用学习，几乎没有学习成本，元宇宙能主动理解用户的意图，为用户服务。

④ 在元宇宙中，用户有一个跨平台共享的身份和支付账户，使用元宇宙中的各种应用不需要多次登录，通过人脸识别、声纹识别等人工智能技术即可确定用户身份，各个不同的应用会统一调用用户在元宇宙中的身份和账户。

二、元宇宙的构成要素

元宇宙的代表公司 Roblox 成立于 2004 年，最早从儿童教育起家，逐渐发展成为大型多人游戏创作、分享及销售平台。相比于其他大多数游戏，Roblox 在设计上着重满足玩家社交需求，通过开放式的平台和创作机制，由玩家主导建立一个去中心化的世界，在游戏中用户能够自定义角色，遵循一套游戏内的经济系统。

Roblox 提出一个真正的元宇宙产品应该具备身份、朋友、沉浸感、低延迟、多元化、随地、经济系统、文明八个基本的构成要素。元宇宙的表现形式大多以游戏为起点，并逐渐整合互联网、数字化娱乐、社交网络等功能，长期来看甚至可以整合社会经济与商业活动。当下，元宇宙的产品大多参照 Roblox 的定义。

Roblox 定义的元宇宙产品的构成要素解释如下：

① 身份（Identity）：用户在元宇宙中能够自由地创造虚拟形象，生成一个或多个元宇宙 ID，让每位现实世界的用户都拥有第二人生，无论与现实身份有没有相关性。

② 朋友（Friends）：元宇宙是新一代的社交网络体系。在元宇宙中，我们都能与朋友进行现实感的真人社交，无论在现实中是否认识，都可以不受现实物理界限的限制，跨越空间与他人进行社交和互动。

③ 沉浸感（Immersive）：就实现难度和用户体验而言，"沉浸感"是远高于其他七项属性的，是元宇宙最主要的属性。低延迟和沉浸感保证了现实世界的人在元宇宙中能体验到充足的"临场感"，实现虚拟世界与现实世界无障碍连接，用户沉浸在元宇宙的体验当中，忽略其他的一切。

④ 低延迟（Low Latency）：通过 5G、VR/AR、人工智能、边缘计算等技术，消除失真感，使得元宇宙中的一切都是同步发生的，没有异步性或延迟性。

⑤ 多元化（Diversity）：元宇宙世界中的内容丰富多样，包括多元化的玩法、道具、美术素材等，实现超越现实生活的自由。

⑥ 随地（Anywhere）：通过低门槛＋高渗透率＋多端入口，现实世界的人能在任何时间、任何地点，用任何设备登录元宇宙，随时随地享用其中的海量内容。

⑦ 经济系统（Economic System）：完整的经济法律体系是元宇宙安全和稳定的保证，用以延续元宇宙衍生出的文明，用户通过 UGC（用户生成内容）创造价值，与现实经济打通，形成自己独立的经济系统。

⑧ 文明（Civilization）：元宇宙最终会发展成为一种虚拟的文明。元宇宙的文明，包含了社交关系、社群关系、资产确权、治理模式和经济系统，甚至还包括元宇宙的基本价值观和理念。

元宇宙产品所具有的八个基本构成要素如图 2.4 所示。

>> 图 2.4　元宇宙产品的基本构成要素

只有以上八个要素全部具备，才称得上是真正意义上的元宇宙产品，今天我们所接触的只是处于"摇篮期"的元宇宙产品。

Roblox 的创始人 David Baszucki 表示："元宇宙将带来在线交流方式的重大转变，就像当初的电话与互联网一样。"在元宇宙中，通过沉浸式体验带来的低延迟和拟真感，让用户具有身临其境的感官体验；采用虚拟化分身技术，现实世界的用户将在数字世界中拥有一个或多个 ID 身份，用户能够在元宇宙之中，进行一切现实生活中的活动；借助开放式内容创造平台，用户通过终端进入数字世界后，即可利用海量资源展开创造活动；利用元宇宙的强社交属性，现实社交关系链将在数字世界发生转移和重组；稳定化系统，使元宇宙具有安全、稳定、有序的经济运行系统。Roblox 定义的元宇宙与真实宇宙的交互如图 2.5 所示。

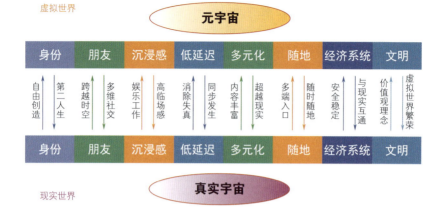

》 图 2.5 Roblox 定义的元宇宙与真实宇宙的交互

而要实现上述八要素，至少需要 VR/AR、区块链、人工智能、边缘计算等方面的技术支撑。其中，算力是元宇宙最重要的基础设施，支撑着元宇宙虚拟内容的创作与体验，是逼真建模与交互的前提。5G 网络会为元宇宙提供高速、低延时、规模化接入传输通道。与当下互联网相比，"元宇宙"最大的区别在于沉浸式的高临场感，沉浸式使得 XR，即 VR/AR/MR 三者成为元宇宙的第一入口。区块链技术提供了去中心化的清结算平台和价值传递机制，能够保障元宇宙的价值归属与流转，从而保障经济系统的稳定、高效，保障规则的透明和确定执行。

三、元宇宙的框架

元宇宙起源于概念，要想实现从概念向产业转化，需要多个科技要素的参与和支撑。图 2.6 展示了元宇宙的框架。

底层技术：区块链技术支持元宇宙经济系统的有序运转，保障数字资产和数字身份安全，同时协助系统规则的透明执行。

后端基建：元宇宙的实现以各种先进的技术作为基础设施。元宇宙的"沉浸感"，必须通过低延时的网络连接和云边协同的计算才能实现，如

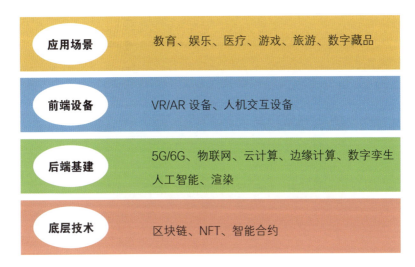

>> 图 2.6 元宇宙的框架

通信网络、算力、人工智能和数字孪生、渲染等。

前端设备：VR/AR 设备、人机交互技术等作为人与虚拟世界的连接器，极大地促进虚拟世界的沉浸性。

应用场景：与人相联系的多应用场景，如教育、娱乐、医疗、游戏、社交、旅游、数字藏品等。

综合而言，元宇宙是整合多种新技术而产生的新型虚实相融的互联网应用和社会形态，它基于扩展现实技术提供沉浸式体验，基于数字孪生技术生成现实世界的镜像，基于区块链技术搭建经济体系，将虚拟世界与现实世界在经济系统、社交系统、身份系统上密切融合，并且允许每个用户进行内容生产和虚拟世界编辑。

四、元宇宙的发展路径

元宇宙的发展路径包括两个方向：一是由实向虚，实现真实体验数字化；二是由虚向实，实现数字体验真实化，如图 2.7 所示。

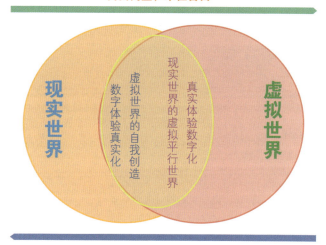

>> 图 2.7 元宇宙的两个发展路径

五、元宇宙的虚实融合

元宇宙不仅仅是虚拟世界,其意义和价值更在于与真实世界交互,虚实融合应用于不同的场景,赋能实体经济的发展,提升人们的生活体验。元宇宙的使命是虚实融合促进数据生产要素协同,盘活实体经济的存量价值,创造经济的增量价值,让我们的生活变得更充实、更美好,这才是我们发展元宇宙的最终目标。否则其意义只是一款游戏,或者说只是一个 App。

元宇宙是虚拟与现实的全面交织(图 2.8)。在元宇宙时代,无物不虚拟、无物不现实,虚拟与现实的区分将失去意义;元宇宙将以虚实融合的方式深刻改变现有社会的组织与运作;元宇宙不会以虚拟生活替代现实生活,而会形成虚实二维的新型生活方式;元宇宙不会以虚拟社会关系取代现实中的社会关系，而会催生线上线下一体的新型社会关系；元宇宙并不会以虚拟经济取代实体经济，而会从虚拟维度赋予实体经济新的活力。

>> 图2.8　元宇宙的虚实融合

Chapter 3

第三章

元宇宙的体系及价值链

在技术发展和人类需求的共同推动下,作为真实世界的延伸与拓展,元宇宙所带来的巨大机遇和革命性作用是值得期待的。但正因如此,我们更需要理性审视当前资本爆炒的"元宇宙"热潮,从技术的角度解读和学习元宇宙知识。下面让我们一起来学习元宇宙体系、经济体系和价值链的相关知识。

第一节 元宇宙体系

一、元宇宙的资源配置

元宇宙或带来新的资源配置方式,现实中的生产资源在虚拟世界中可复制和新增。元宇宙的虚拟世界脱胎于现实世界,拥有与现实世界相似的、完整的经济系统、数字物品、数字内容及服务。虚拟世界的生产资源由数据组成,能够较快复制,更能根据人类的想象创造、新增资源。比如《动物森友会》的玩家可以自主设计与出售家具、服装。

虚拟世界有可能不受现实中一般经济规律的限制。现实中的资源是有限的,供给与需求决定着商品价格。而虚拟世界中的资源从理论上讲是可以无限再生的,商品价格不仅仅由供求决定,也由生产者决定。生产者的边际成本接近于零,消费者只要付款就能获得资源。现实资源叠加数字资产价值,元宇宙有可能极大地扩展人类的资源总量。

用户可以在虚拟世界进行劳动、生产,从而利用生产出的物品获得虚拟经济报酬,还可以兑换为现实货币,通过虚拟劳动与交易完成资源配置。德籍华裔语言教师 AnsheChung 在游戏《Second Life》中通过买卖、经营虚拟房地产赚得超过 25 万美元,被称为《Second Life》内的"洛克菲勒"。

二、元宇宙的生活方式

虚拟世界或催生新的生活方式。元宇宙降低了地理、生理等现实因素对人类生活方式的限制,每个个体都有机会实现与元宇宙的交互。通过虚拟化身,人类可以到达任意想到达的地点,在现实中行动不便的人可以在虚拟世界实现身体的自由移动。传送门、飞行、瞬移,这些想象在元宇宙都能实现,地理、生理等现实因素对人类生活的限制大大降低。

元宇宙实现虚拟世界与现实世界的共生。元宇宙世界与现实世界保持高度的同步与互通,由数字孪生、模拟环境和混合现实组合而成。理想中的元宇宙形态将整合社交、消费、娱乐、旅游、展览、教育、办公等所有平台,满足用户全方位的生活、工作需求(图3.1)。

>> 图 3.1 元宇宙的生活方式

第二节 元宇宙的经济体系

一、元宇宙的经济系统

现实与虚拟结合或诞生新的商业业态。元宇宙世界拥有自己的虚拟经济系统和统一的虚拟货币。元宇宙世界具有统一的虚拟货币。用户可以充值虚拟货币,使用虚拟货币在元宇宙内购物、消费。

虚拟世界或催生全新的消费需求。元宇宙将个人数据资产化,使虚拟世界能与现实世界联动,完成消费,正如《头号玩家》中主角在虚拟世界中购物,在现实世界中收货一样,用户可以通过虚拟世界直接下单消费。

完善的经济系统和新的消费需求催生新的商业业态,虚拟服装业、虚拟偶像业、虚拟房地产、虚拟教育……在虚拟世界，传统商业业态可获得转型、升级，并产生前所未有的虚拟商业活动。

区块链技术、虚拟世界的开发工具 UGC 激活创作者经济。元宇宙开发工具赋予每一位用户创作的可能性，区块链技术保护版权，去中心化的交易机制使得创作者能够通过用户订阅、广告、道具购买等多种方式将成果货币化，建立虚拟世界的 UGC 经济生态，如图 3.2 所示。

>> 图 3.2　元宇宙的经济系统

二、元宇宙的经济要素

元宇宙作为一种新的生态，需要有相应的经济系统作为其动力及运作支撑，就像现实世界中一样。在这个生态中，需要有商品，商品就会有价值，有价值就需要有衡量价值的尺度。有了价值，就需要基于价值的交换。而元宇宙世界里的商品都是虚拟的，是数字商品。其商品的定义、价值衡量标准、价值交换方式都不同于现实世界。元宇宙世界经济体系的构建，包含了四个要素。

（1）要素一：数字创造

商品是构成现实世界经济体系的基础，相应地，构成元宇宙经济体系的基础是数字化商品。那么，如何创造出数字化商品，是元宇宙需要解决的一个经济要素。没有创造，就不会存在可以用于体验及交易互换的商品。在元宇宙世界里的商品都是虚拟的、数字化的，是通过程序创造的代码数据。而如何简单便捷地进行数字创造，是元宇宙构建经济系统的第一个核心问题。比如 Roblox，通过游戏开发平台，可以让用户通过鼠标拖拽的方式实现创造，而不需要通过专业化的复杂的代码实现，大大降低了用户的创作门槛。

另外，数字商品创造的丰富度，是元宇宙是否可持续发展的重要衡量尺度。商品创造要满足质量和数量的双重标准。

（2）要素二：数字资产

数字创造所产生的数字化内容，通过赋予其产权属性就形成了数字资产，可为未来的数字交易提供基础支撑。

数字资产有两种生产方式：一种是专业生产内容（Professional Generated Content，PGC），指通过专业的公司或者团队进行创作，体现专业性，有一定的进入及创造门槛；另一种是用户生产内容（User Generated Content，UGC），指用户自己创造内容。数字内容被创造出来后，要对内容进行相应的产权评估和界定，即明确产权，为用户间进行资产交易、转移提供基础。

（3）要素三：数字市场

有了数字资产，明晰了产权，就可以构建数字市场，让数字资产在其中进行交易，以满足各个不同用户的交易诉求。类似于现实世界中的商品市场，我们在商场里买卖东西。

没有市场，就没有交易，资产就无法流动，没有流动的经济就是死水一潭，元宇宙就没有存在的价值和动力了。所以，必须构建相应的市场交易体系，才可以将元宇宙的数字资产进行盘活。

（4）要素四：数字货币

建立了数据市场后，就需要有一个中间的媒介来进行商品的交换。如果没有媒介，就只能采取原始社会中以物易物的形式来进行商品的交易，类似于现实世界中的货币，在元宇宙中商品交易的媒介就是数字货币。数字货币为数字商品提供了一个统一的衡量尺度，通过数字货币，就可以非常便捷地交易。

综上，通过数字创造，形成数字资产，再通过对数字资产的确权，建立起数字市场，进行数字产权的交易转移，交易转移通过数字货币来进行。这样，基于这四个核心要素，就可以完整地构建出一个可持续发展的元宇宙经济体系。

三、元宇宙与数字经济

数字经济是以数据为主要生产要素的经济活动，既包含物质产品生产、流通、消费的内容，也包括数字产品的创造、交换、消费的内容。换句话说，无论是物质产品还是非物质产品，只要在生产、流通、消费的任何一个环节利用数字技术或者数据，就是数字经济的范畴。

元宇宙经济是数字经济的特殊形式，元宇宙经济的特殊性，体现为严格限定数字产品的创造、交换、消费的所有环节，都必须在数字世界中完成。同时，元宇宙经济是数字经济的组成部分，必然体现出数字经济的一般性特征，体现为符合经济的基本原理，市场规模越大，经济就会越繁荣。

元宇宙经济的特征决定了它是深入研究数字经济的绝佳样本。在元宇宙经济中得到的一些结论，放在数字经济体系中加以考察论证，结论未必与元宇宙经济完全相同，但是对于建立数字经济体系有着重要的启示意义。

元宇宙中的赛博朋克，融合了对5G/6G、人工智能、数字孪生、VR/AR/MR、脑机接口、区块链、NFT等最前沿科学技术的最终想象。

元宇宙中的数字世界让每个人都可以真正摆脱地理位置和物理空间的束缚，基于社交和创作方式的数字化，实现身份和资产的数字化。而区块链是元宇宙中的关键技术，可打破原有身份区隔和数据护城河，构建去中心化的基础设施，并通过智能合约打造经济系统。在元宇宙中，原生资产主要是以NFT为代表的加密资产形式呈现，为虚拟经济提供核心支撑。

第三节　元宇宙的价值链

一、元宇宙七层产业链

元宇宙需要各项技术的支撑，依据 Beamable 研发工具公司创始人 Jon Radoff 的理论，"元宇宙"的产业链包括七个层次，见表3.1。

表 3.1　"元宇宙"的产业链

产业链	简介	企业布局
体验（Experience）	畅游元宇宙，是我们实际参与的社交、游戏、现场音乐等非物质化的体验，如游戏、社交软件、在线音乐等	堡垒之夜、Niantic、腾讯、育碧等
发现（Discovery）	用户从何处获取这些体验，是人们了解体验层的途径，包括各种应用商店、社交、网络广告、互评等	Facebook、Google、Steam、App Store 等
创作者经济（Creator Economy）	帮助创作者制作并将成果货币化，包括设计工具、货币化技术，包括设计工具、动画系统、图形工具、货币化技术等	Epic、Roblox、微软、Adobe、Beamable 等
空间计算（Spatial Computing）	包括 3D 引擎、手势识别、空间映射和人工智能等	Unity 引擎、虚幻引擎、Google AI、OpenAI 等
去中心化（Decentralization）	包括如何将大部分生态系统转移到无权限、分散式和更民主化的结构	微软、IBM、Ubuntu、以太坊等
人机交互（Human Interface）	虚实世界的 API 接口。从移动设备到虚拟现实设备，再到高级触觉和智能眼镜等未来技术	Oculus、Xbox、华为、苹果等
基础设施（Infrastructure）	是现实世界、资源的入口，包括半导体、材料科学、云计算和电信网络等	英伟达（NVIDIA）、AMD、英特尔、微软 Azure 等

这一产业链包含从用户端寻求的体验到能够实现这种体验的科技，并提出由创作者支撑的方法论以及建立在去中心化基础上的未来元宇宙愿景。

元宇宙产业链各层的内容具体如下。

体验层：元宇宙是由内容、时间和社交互动构建的、虚拟与现实相结合的飞轮（效应），覆盖各种生活场景，包括游戏、社交、运动、电影、购物等。元宇宙不是必须是3D形式，甚至都不一定是2D图形，更多的是物理空间、距离和物体之间不可阻挡的非物质化。比如，在一款游戏里，你可以梦想成为摇滚明星、绝地武士、赛车手或者任何能想象的角色。在物理空间举办的音乐会只能高价卖出前排的少数座位，但虚拟音乐会可以在每个人的周围产生一个个性化存在的平面，在这个平面上，你总能找到最好的座位。这些提到的在线活动还涉及元宇宙体验的另一个方面：内容社区综合体。过去，消费者只是内容的消费者，现在，他们既是内容的创造者，又是内容的"放大器"，内容还可以再次产生内容。

发现层：本层中的信息流包括提取流和推送流。提取流中，用户积极主动寻找相关体验的信息，开设商店或购买商品。在元宇宙情境下，交换、交易、分享内容变得更容易，而且更多元，这对所有创作者来说是增大曝光率的机会。推送流中，用户被动接收到各种信息，参与好友的邀请，或者接受全新角色，包括广告网络、社交、策展、互评、商店、代理商等。

创作者经济层：不仅元宇宙里的体验会变得更有沉浸感、社交性和实时性，而且打造这些体验的创作者数量也会爆发式增长。消费者不仅是内容的消费者，也是内容的创造者和放大器。各种低门槛代码方案和社交工具，让用户可以随时输出内容，实时参与创造，包括设计工具、资产市场、工作流、商业贸易等。元宇宙里的体验会越来越现场化、社交化，并持续更新。到目前为止，元宇宙里的创作者都围绕Roblox、Rec Room和Manticore等集中式平台，在这些平台上，有一整套集成的工具、曝光率、社交网络和变现功能，赋予了许多人为其他人打造体验的能力。

空间计算层：空间计算提出了真实与虚拟的混合计算，它模糊了物理世界和理想世界之间的界限，空间计算使我们能够进入并操纵 3D 空间，并以更多的信息和体验来增强现实世界，包括 3D 引擎、VR/AR/XR、多任务界面、地理空间制图等。

去中心化层：虽然电影《头号玩家》里的绿洲被认为与元宇宙十分贴近，但元宇宙的理想结构与绿洲由单一团体控制的结构正好相反。这样避免了中心的统治地位，因为元宇宙是由很多人创造，因此也应该由很多人共同拥有。区块链技术解决了金融资产集中控制和管理的问题。边缘智能使得计算能力不再集中于云端，而是像电力一样，输送到千家万户和各个工业现场，包括边缘计算、AI 代理、微服务、区块链等。

人机交互层：人机交互更加顺畅和无缝。3D 打印可穿戴设备，可以贴合皮肤之上的微型生物传感器、各种 AR 智能眼镜，甚至脑机接口，将承载元宇宙里越来越多的应用和体验，包括便携式智能眼镜、可佩戴设备、手势交互、声控交互、交互式神经网络等。

基础设施层：包括 5G、6G、Wi-Fi、云计算、芯片工艺、微机电、图形处理、基础材料等软硬件技术，这些技术能够将各种设备接入网络并提供必要的支撑。基础设施为底层支撑，最终延伸至体验层。

由上可见，元宇宙的核心价值在于，成为一个拥有极致沉浸体验、丰富内容生态、超时空的社交体系、虚实交互的经济系统，能映射现实人类社会文明的超大型数字社区。

二、元宇宙产业参与者类型

就像今天的互联网一样，元宇宙并不是某种单一的技术，而是一个由众多公司提供各种技术，逐步共同建设而成的生态系统。具体来说，进一步将元宇宙的七层产业链进行分类，元宇宙产业有四种类型主要参与者，见图 3.3。

元宇宙产业参与者	硬件	核心部件	芯片、光学器件、通信模块
		交互设备	显示屏、传感器、摄像头、体感设备、手柄控制器
		输出设备	头盔类、非头盔类
		基础设施	网络基础设施、算力、人工智能
	软件	系统软件	修改版的安卓、索尼OS、iOS系统、开发工具包SDK
		应用软件	App、游戏
	服务	平台分发	Google Daydream、HTC Viveport
		数字支付	数字货币、区块链
		内容运营	数字资产设计/创造、销售渠道(京东/天猫)、数据安全
	应用内容	2B	教育、医疗、工业、工程、房地产
		2C	游戏、社交、直播

>> 图 3.3　元宇宙产业参与者类型

硬件厂商：用于开发、交互或使用元宇宙的设备和基础设施，如 VR/AR/MR 设备、外设等。

软件厂商：为硬件提供支持的软件开发工具包的厂商，实现物理计算、渲染、数据协调、人工智能等功能。

服务厂家：主要是基于 VR/AR/MR 技术的内容发行、销售和内容运营等相关服务。

应用及内容厂商：可分为 2B、2C 两类，是前景最广阔的产业链环节。2B 主要面向房地产、教育、医疗、工程等领域。2C 主要面向社交、直播、游戏等。

元宇宙什么时候到来？元宇宙大规模地应用、产业生态或规模经济大范围地呈现，取决于 VR、AR 和 MR 眼镜的规模化普及。如果 10 亿、20 亿用户每天长时间使用 VR、AR 和 MR 眼镜，元宇宙时代就会像智能手机时代一样到来。我们只需要去观察 AR、VR 和 MR 眼镜普及率，包括购买率、使用时长，就可以判断元宇宙什么时候能够到来。

正如我们曾经历过的PC互联网、移动互联网，必须要依靠芯片算力、操作系统、TCP/IP协议、3G和4G移动网络等一整套底层技术才能得以实现一样，元宇宙作为下一代互联网，也需要属于它的一系列技术作为支撑。犹如乔布斯的"项链"比喻，iPhone的出现，串联了多点触控屏、iOS、高像素摄像头、大容量电池等单点技术，重新定义了手机，开启了激荡十几年的移动互联网时代。当前，元宇宙无限接近于iPhone时刻——5G/6G、算力、人工智能、数字孪生、VR/AR/MR设备、区块链、NFT等单点技术创新开始聚合起来。

Chapter 4

第四章

元宇宙的基础设施

基础设施是支撑元宇宙正常运行的物质工程设施与软性生产设施,是元宇宙底层支持技术在物质与虚拟空间的载体。其中,通信网络、算力、人工智能、数字孪生、渲染等作为元宇宙不可或缺的基础设施组成,是元宇宙发展的基础。

第一节　通信网络基础设施

在元宇宙的基础设施中，5G/6G、物联网技术是元宇宙提供实时、流畅、沉浸式体验的技术基石。

一、5G

5G技术能满足元宇宙的部分基础应用，可为VR/AR、无线娱乐、社交网络、智能可穿戴设备等应用场景提供高带宽、低时延、高可靠性的网络传输能力。

那么，什么是5G？ 5G有何特点？ 5G如何实现？

所谓5G即第5代移动通信网络（5th Generation Mobile Networks），G是"代"的意思。

1G就是砖头似的大哥大，只能打电话；2G实现了语音和数字的通信化，可以发短信；3G实现了语音以外的图片等多媒体通信，开始了手机上网，但流量比话费还昂贵；4G实现了局域高速上网，伴随着屏幕技术的提升，可以在手机上看视频、玩游戏，如图4.1所示。

我们现在使用的4G，无论是浏览网页还是视频聊天，在速度上已经能够满足要求，那么为何还要研发5G技术？

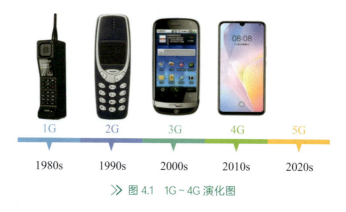

>> 图4.1　1G～4G演化图

5G 具有的速度更快、延迟更小的特性，能让元宇宙在 VR/AR、无线娱乐、社交网络等方面无时差地同步其中，但日常上网就没必要过分在意。

那么，5G 是如何实现的呢？

1. 毫米波

毫米波技术是 5G 应用中一项重要的基础技术，通信资源就像管道送水一样，管道越粗，流量越大。6GHz 以下的频段通常只能支持 100～200MHz 的带宽，毫米波频段则可以支持 800MHz 的带宽，理论上可获得 3～7 倍的速度增强。此外，5G 毫米波还有着更好的上下行速率，可以达到 4～5Gb/s，又能够与各种先进技术整合实现各类应用，可以有稳定的无线数据传输，部署更具灵活性。

2. 微基站

电磁波的特点是频率越高，效果越好，但随之而来的是频率越高，波长也越短，波长越短，越趋近于直线传播（绕射和穿墙能力越差），导致在传播介质中的衰减也越大。即移动通信如果用了高频段，则传输距离将大幅缩短，覆盖能力会大幅减弱。以 4G 来做比较，覆盖同一个区域，5G 基站的数量会大大超过 4G。

5G 将一个之前的一个区域，划分为更小的多个区域，相应的功率也减小。基站小，功率低，对用户健康有利，如图 4.2 所示。如果只采用一个大基站，离得近，辐射强，离得远，没信号。

>> 图 4.2 微基站

3. 设备到设备

在目前的移动通信网络中,即使是两个人面对面拨打对方手机(或手机传送照片),信号也是通过基站传输的。信号周转过多,会导致质量不高,所以在 5G 中,信号直接从发送方到接收方,如图 4.3 所示。

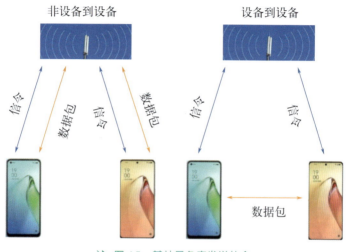

》图 4.3 基站只负责发送信令

二、6G

相较于 5G 实现的元宇宙基础应用场景,6G 可为元宇宙沉浸式 XR、全息影像和感官互联等高阶应用场景提供毫秒级时延、超高带宽及安全性和可靠性支持。

6G 目前还在研发阶段,但预计其传输能力比 5G 提升 100 倍,网络延迟也将从毫秒级降到微秒级。6G 的特点如下。

1. 高速率

相较于 5G 理论下行峰值速率 20Gb/s,6G 可通过超维度天线技术、编码和调制技术、超高频点等技术,为元宇宙提供"Tb/s"量级的理论峰值速率,以支持更丰富的元宇宙场景应用。

2. 高能效

在无线通信中,随着带宽和高频段的使用,网络能耗会不断增加,如 5G 基站的能耗显著高于 4G 基站,这对运营商的成本管理提出了更高要求。在部分地区,由于夜间流量需求较低,运营商会选择让部分 5G 基站进入休眠状态以节约电力。6G 网络在提升网络性能的同时,能显著降低能耗,其能效可达到 5G 的 10～100 倍,为元宇宙提供绿色节能的沉浸式体验。

3. 高移动性

5G 网络能支持高铁等高速移动场景,最高移动速度能支持 500km/h;而 6G 网络可支持飞机等超高速移动场景,理论上可支持大于 1000km/h 的移动速度。在元宇宙应用中,6G 提供了高速移动场景下稳定且流畅的接入条件。

4. 低时延

XR、全息影像、自动驾驶、精准医疗等应用都对网络时延有着进一步的要求,6G 可以为元宇宙提供实时、流畅的低时延体验。

5. 高可靠性

6G 利用人工智能技术实现网络的自优化、自演进,从而提高网络的可靠性。可靠性从某些方面可以看作是在预定时间内成功传输更多数据包的能力。理论上,6G 的可靠性相较于 5G 有百倍的提升,可为元宇宙的沉浸式体验提供流畅且稳定的数据传输保证。

6. 低抖动

6G 的确定性网络技术可为其提供端到端的确定性服务,从而保障在传输和中间节点不出现额外的延时抖动,保证数据包到达的偏差时间范围。具体在元宇宙场景中,可以为元宇宙的沉浸式交互提供实时、流畅的沉浸式体验。

7. 覆盖范围广

传统的移动通信网络覆盖范围有限,基站架设在人口密集区域中,而 6G 网络将通过高轨卫星网络、中低轨卫星网络、临空网络和地面蜂窝网络建立全球无盲区的移动通信网络，从而为元宇宙用户提供全天候和全地域的网络接入条件。

8. 多用户接入

6G 的多址接入技术可以在有限的频谱资源上容纳更多的用户，从而在元宇宙场景中能支持无限量用户的同时接入，以满足万物互联背景下高并发接入的服务要求。

综上所述，沉浸式 XR、全息影像和感官互联相较于传统元宇宙应用场景，对网络带宽、时延、抖动、可靠性等均有更高的要求，6G 的网络智能技术、安全技术、确定性网络、空天地融合技术、新型多址接入技术等可为此类应用场景的实现提供有力支撑。

三、物联网

物联网是真实宇宙与虚拟"元宇宙"的链接，元宇宙开发的基础是从物理环境中捕获数据，并在元宇宙场景中以有意义的形式实时呈现这些数据的能力。

物联网的英文是 Internet of Things，简称 IoT，即物物相连的互联网，是将各种信息传感设备与网络结合起来而形成的一个巨大网络，实现任何时间、任何地点，人、机、物的互联互通。通俗地可以这样理解：京东 = 互联网 + 商场，拼多多 = 互联网 + 义乌小商品，网约车 = 互联网 + 出租车……而物联网 = 互联网 + 以上全部。换言之，物联网就是让世间万物和互联网产生连接。

物联网包括四项关键技术：

关键技术之一：感知与标识技术。给予每个接入网络的物体一个身份，使它可以被识别。

关键技术之二：信息传输技术。将网络中具有身份的物体连接起来。

关键技术之三：信息处理技术。采用人工智能技术，将网络中物体采集的数据进行归纳和分析,从而可以替代人工解决现实中发生的问题。

关键技术之四:信息安全技术。是整个物联网的防火墙,保证物联网不会遭到外界攻击。

第二节 算力基础设施

元宇宙作为与物理世界平行的数字世界,随着用户数量的增加和业务量的增长,数据会越来越多,给系统带来巨大的数据计算压力。元宇宙"沉浸感""低延时""随地"的交互体验的实现,需要算力的保驾护航。因此,算力是实现元宇宙的关键基础设施之一。

一、边缘计算

元宇宙对网络传输提出了更大带宽、更低时延、更广覆盖以及更高数据容纳量等要求,相较于云计算的集中部署模式,边缘计算传播效率更高,延迟更低,可以提高通信效率,降低数据传输的延迟,很好地解决了中心流量拥堵和智能终端快速增长所带来的计算资源匮乏的问题。

什么是边缘计算?边缘计算将耗费计算资源和带宽的任务运行在边缘计算节点(PC 或服务器等)或者边缘计算数据中心上,最大程度地减少客户端和服务器之间必须进行的长距离通信量。边缘计算技术可以保障元宇宙中的所有用户获得同样流畅的体验。

边缘计算作为元宇宙的重要技术支撑,在云端运行更少的进程,将这些进程移动到本地,例如元宇宙头显设备 VR 就近直接提供近端的服务。由于通信链路的缩短,边缘计算能够在数据产生侧提供更快捷高效的需求响应,同时,数据的本地处理也能提升隐私数据的保护程度。

概括来说,边缘计算的主要优势在于减少延迟、减少带宽使用和相关成本、减少服务器资源消耗和相关成本。

边缘计算与其他计算模型的区别在于：

早期计算：集中式应用程序，仅在一台孤立的计算机上运行。

个人计算：本地运行的去中心化应用程序。

云计算：在数据中心运行的集中式应用程序。

边缘计算：在靠近用户的地方——设备本身或者网络边缘运行的集中式应用程序。

二、云计算

云计算是支撑元宇宙实现的底层基础设施，是元宇宙实现和普及的前提。

用户登录元宇宙后，需要得到实时的感知"反馈"，云计算通过对用户输入的数据进行处理，生成视觉、听觉、触觉"反馈"信息，并将其传回给用户佩戴的元宇宙设备，从而给予用户一定的感知反馈。

有了反馈后，接下来就要完成元宇宙中建筑和物体的建模、显示，元宇宙中的一切物体都是数字化的，需要大量的算力来渲染出一个逼真且庞大的元宇宙数字世界，因此越高的算力可以构建出体验感越强的元宇宙。

那么，什么是云计算？云计算（Cloud Computing），是一种基于互联网的计算方式，通过这种方式，共享的软硬件资源和信息可以按需求提供给电脑各种终端和其他设备，使用服务商提供的 IT 基建作为计算资源。

元宇宙的云计算有以下特点。

1. 打破时间和空间的界限

云计算最重要的技术是虚拟化，虚拟化是指将一台计算机虚拟为多台逻辑计算机。在一台计算机上同时运行多个逻辑计算机，每个逻辑计算机可运行不同的操作系统，并且应用程序都可以在相互独立的空间内运行而互不影响，从而显著提高计算机的工作效率。即虚拟化由应用虚拟和资源虚拟两个部分组成，在使用这两个部分的时候，用户可以随时随地使用，因此云计算拥有打破时间和空间的特点。

2. 可以动态拓展

云计算可以动态拓展，组成庞大的资源池，然后按需分配，随意切割物理资源和应用资源。如将一台服务器虚拟成若干虚拟服务器，在该服务器上可以支持多个操作系统同时运行。元宇宙云计算是将一个物理网络逻辑拆分为多个逻辑网络的方法。

3. 迅速响应用户的需求

用户可以通过虚拟化技术动态启用虚拟服务器（又叫虚拟机），每个服务器实际上可以让操作系统（以及在上面运行的任何应用程序）误以为虚拟机就是实际硬件。运行多个虚拟机还可以充分发挥物理服务器的计算潜能，迅速应对数据中心不断变化的需求。

云计算和元宇宙互为影响，如果缺乏先进的数字基础设施，元宇宙只是美好的"空中楼阁"，云计算所具备的特性可以使元宇宙的单位成本最低、资源利用效率最高。只有构建坚实的云计算等底层基建，才能掌握开启元宇宙之门的钥匙。

第三节　新技术基础设施

人工智能和数字孪生就是连接虚拟与现实世界的钥匙，共同助力元宇宙加速落地。

一、人工智能

元宇宙与人工智能技术相结合，确保了元宇宙基础设施的稳定性，通过人工智能的计算机视觉、机器学习、自然语言处理和智能语音等技术，将人类行为转化为数字输入，包括语言、视觉、语音、手势、运动，从而提升整个"元宇宙"的高沉浸感和多样性。同时，人工智能技术赋予元宇宙智能"大脑"和制作元宇宙数字表达的工具，为创作者提供工具，降低用户内容创作门槛，加速内容生产、增强内容呈现，以及提升内容分发和终端应用效率等等。

对元宇宙这样一个庞大的系统而言，其内容的丰富程度要远远超出想象。并且，内容将以实时生成、实时体验、实时反馈等形式呈现给人们。对于供给效率的要求将远超人力所及，需要更加成熟的人工智能技术为内容生产赋能，实现所想即所得。元宇宙边界在不断扩展，满足不断扩张的内容需求，需要通过人工智能辅助内容生产/完全人工智能内容生产。只有凭借人工智能赋能下的人工智能辅助内容生产和完全人工智能内容生产，才能够满足元宇宙不断扩张的内容需求。

可以说，没有人工智能，元宇宙就不会存在。

那么，到底什么是人工智能？人工智能（Artificial Intelligence，AI），是一门研究、开发用于模拟、延伸和扩展人类智能的理论、方法、技术及应用系统的前沿技术科学。人工智能由不同的领域组成，如机器学习、语言识别、图像识别、自然语言处理等等。

如果用一句话通俗总结人工智能是什么，那就是先让计算机以人类的方式进行学习，然后让计算机采用人类的推理模式，从以前的经验和互动中学习，并将经验驱动的知识和分析应用于实践。这一过程的人工智能称为机器学习。

机器学习专门研究计算机怎样模拟或实现人类的学习行为，以获取新的知识或技能，重新组织已有的知识结构使之不断改善自身的性能，是人工智能的核心，也是使计算机具有智能的根本途径，其应用遍及人工智能的各个领域，如今，机器归纳、综合的功能已在自动驾驶、下棋、生物识别、医学分析等拥有大量数据基础的应用场景中实现。

二、数字孪生

元宇宙与数字孪生技术密切相关。所谓孪生就是双胞胎,数字孪生,也就是数字双胞胎。比如说,在真实世界有一张桌子,而在虚拟世界也有一张一模一样的桌子,真实世界的桌子和虚拟世界的这张桌子就构成了一对双胞胎,我们也称为孪生体,元宇宙实际上就是我们整个真实世界的数字孪生体。那么什么是数字孪生技术?与元宇宙有什么关系?

数字孪生(Digital Twin),是真实物理实体在元宇宙中的虚拟反映,即一比一的三维可视化还原真实物理实体,在元宇宙中,虚拟对象的外观和行为方式与真实物理对象保持同步。简单理解就是给实体建立一个数字化的双胞胎。简明意义上的"数字孪生"如图4.4所示。

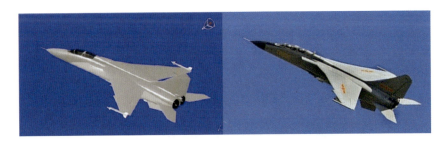

》图 4.4 数字孪生示意图

那么元宇宙和数字孪生技术有什么关系?数字孪生实际上包括了三个方面,一是真实世界的真实物品,二是虚拟世界的虚拟物品,三是真实世界和虚拟世界的数据信息交换。元宇宙存也包括三个方面,一是真实世界,二是虚拟世界,三是真实世界与虚拟世界的数据交换和信息融合。

数字孪生帮助我们在数字环境中重构物理世界,并精确映射出物理世界的每一个微观细节。在先进传感器、AI以及通信技术的支持下,这些数字空间中的副本能够精确模拟包括人体、设备、事物、系统乃至地点在内的各类物理对象。

第四节　渲染

电影《头号玩家》中那个极其逼真的虚拟世界——绿洲,是如何呈现在我们眼前的?

这就要归功于渲染,渲染将虚拟人物和虚拟物体呈现得跟真人、真物一样。以元宇宙中的虚拟人物为例,任何操作,比如摇晃手臂、扭转头部,甚至弯曲指尖,都会在元宇宙中进行重新计算,用户进行操作后也需要实时得到反馈结果,这个画面数据的实时计算与输出的过程,就叫作实时渲染。它包含了一系列复杂的步骤,包括形体的建构以及形体之间相对关系的计算、材料和纹理的渲染、光线的渲染、细节的渲染以及最终输出。

渲染在元宇宙应用中扮演着类似"水电煤"的角色,是连接元宇宙和现实的关键桥梁,为开发者提供构建虚拟世界的核心能力,用以解决虚拟世界如何实现三维呈现,如何更好地提升人机交互、带宽需求等问题。

一、渲染概述

渲染一词来源于国画工笔,工笔有勾线和上色两个步骤,上色称为渲染。我们讨论的"渲染"是计算机图形学中的一个专业名词"Render"翻译而来,一般来说比较容易理解的释义是"上色",翻译为"渲染"给人的感觉更像是计算机专业名词。

想象一个真实的绘画过程:先在脑中构思,再将轮廓勾勒出来,当骨架搭建完成时,下一步就是画出色彩材质,将画面完善。渲染可以简单理解为经一系列计算,将场景绘制为二维图片的模型成像过程。在元宇宙中,3D模型制作完毕之后,设计师会使用相应的材质贴在模型不同的面上,就相当于在骨骼上附着皮肤,而后渲染系统把模型的动画、光影、特效等所有效果计算出来并实时地展示到输出设备（显示屏）上。渲染效果如图 4.5 所示。

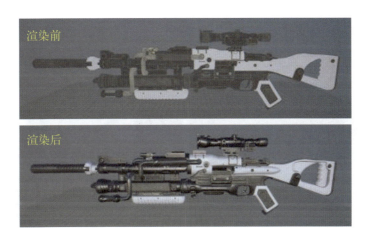

>> 图 4.5 渲染效果对比

渲染对硬件的计算能力有极高要求。要计算光源对物体的影响，还要根据材质来计算物体表面的颜色。图像显示过程中，还要把相应的颜色或者图片资源从 CPU 输送到显卡，显卡把数据发送给显示器的缓冲区，将数据更新到显示器上。因此，没有功能强大的硬件支持是无法进行渲染计算的。

渲染的分类：根据渲染的实现技术可分为光栅化、光线投射、光线跟踪三类；根据渲染的时机可分为实时渲染和离线渲染两类；根据渲染的硬件资源可分为 GPU 渲染和 CPU 渲染。

二、光线追踪

由于光源发射的大部分光线并不会直接进入观察者的视野，因此观察者看到的光线只占光源发射光线的一小部分，这些光线大部分经过多次反射逐渐消失或者至无限小，所以对于构建可见信息来说，逆向跟踪光线要比真实地模拟光线相互作用的效率要高很多倍。

光线跟踪的流行来源于它比其他渲染方法如扫描线渲染或者光线投射能够更加真实地模拟光线，像反射和阴影对于其他算法来说都很难实现的效果，却是光线跟踪算法的一种自然结果，能实现较真实的光影效果，如图4.6所示。

人眼里闪烁出火焰

火焰在车身上映射

>> 图4.6　光线跟踪效果演示

光线跟踪又称为光迹追踪或光线追迹，是一个在二维（2D）屏幕上呈现三维（3D）图像的方法，由Appel在1968年提出。光线跟踪方法是沿着到达视点的光线的反方向跟踪，光线遍历屏幕上每一个像素，当光线与场景中的物体相交时，便找出与视线相交的物体表面点P_0，并继续跟踪，找出影响P_0点光强的所有光源，从而算出P_0点上精确的光线强度，在材质编辑中经常用这种方法来表现镜面效果。光线跟踪是计算机图形学的核心算法之一。在算法中，光线从光源被抛射出来，当它们经过物体表面的时候，对它们应用种种符合物理光学定律的变换。最终，光线进入虚拟的摄像机底片中，图片被生成出来。

跟踪从眼睛发出的光线而不是光源发出的光线，通过这样一项技术生成编排好的场景以数学模型的方式显现出来。这样得到的结果类似于光线投射与扫描线渲染方法的结果，但是这种方法有更好的光学效果，例如对于反射与折射有更准确的模拟效果,并且效率非常高,所以当追求高质量结果时经常使用这种方法。

作为一种基于真实光线传播模拟的计算机三维图形渲染算法,反向光线追踪的工作原理可以这样理解:假设屏幕内的 3D 场景是一个真实的物理世界,显示器是一块透明的玻璃。从相机,也就是视点出发,发射一条光线透过屏幕,射向 3D 场景中,击中球体,再追踪该光线击中球体后的反射、折射、吸收映射等,最终综合计算出的结果,即为显示在屏幕上该点的像素(颜色)值,从而实现高度逼真的渲染效果,如图 4.7 所示。

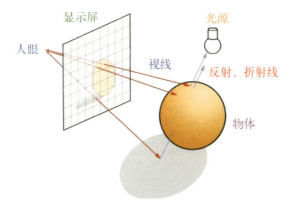

>> 图 4.7 反向光线追踪图示

渲染处理主要涉及两部分:一是内容渲染(生产过程),在内容制作过程中将三维虚拟空间场景投影到平面形成平面图像。二是终端渲染(展示过程),即对内容渲染生成的平面图像进行光学畸变、色散校正,以及根据用户姿态进行插帧。所有的渲染技术旨在提升渲染性能,以尽量小的开销来渲染以获得更高的分辨率,使用户能看见很多的图像细节。其中,VR 渲染关键在于复杂的内容运算,如 2 倍于普通 3D 应用的 GPU 运算量、实时光影效果等。AR(MR)渲染技术与 VR 基本一致,但应用场景侧重于与现实世界的融合,如虚实遮挡、光影渲染、材质反光渲染等。未来,虚拟现实渲染技术将持续向更加丰富、逼真的沉浸体验方向发展。因此，在硬件能力、成本和功耗制约及 5G 商用的情况下，注视点渲染、云端渲染、渲染专用芯片、光场渲染等有望成为业界主流。

三、渲染方式

1. 注视点渲染

人眼在看东西时，并非整个视野范围都一样清晰，而是中心点清晰，越往两旁越模糊。因此在 VR/AR 设备上渲染（Rendering）显示图像时，并不需要整个画面都保持同一解析度，而是正在注视的那个画面解析度最高，往周围解析度依次降低。注视点渲染（Foveated Rendering）演示见图 4.8。

>> 图 4.8　注视点渲染演示

注视点渲染凭借降低注视点周围图像的解析度来大幅降低计算复杂度，主要应用在整合了眼动追踪技术的 VR/AR 头盔中。一般来说会将视野切成三个同心圆，中心那一圈会使用完整的解析度，第二圈则是 50%～60% 解析度，最外围解析度则会降到 25% 以下，见图 4.9。瑞典 Tobii 和中国七鑫易维两家公司分别给出的优化数据是"降低 CPU 负载 30%～70%"，以及"节省 50%～80% 像素，CPU 运算速度提升 5～7 倍"。

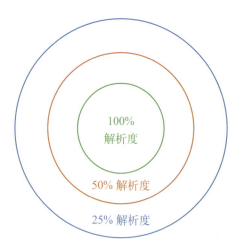

>> 图 4.9 对人的视野进行差异化渲染,显著节省算力开销

注视点渲染基于人眼由中心向外围视觉感知逐渐模糊的生理特性,搭配眼球追踪技术,在不影响用户体验的情况下,显著降低注视点四周的渲染负载,如图 4.10 所示。

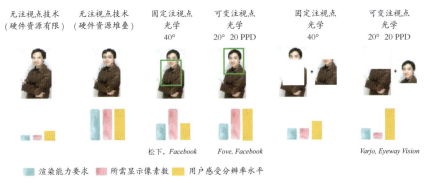

>> 图 4.10 注视点渲染演示

2. 云渲染

云渲染简而言之就是建模软件,例如 3D MAX 建好模型后,将设置好的参数模型一键提交到云渲染平台,利用云端的电脑或服务器渲染成数

字图像，渲染完之后再将结果回传到用户的电脑上，而用户只需要下载结果或者设置发送邮箱，就能得到最终的效果图。这个过程不会占用用户本地电脑的 CPU，渲染的同时也可以在本地电脑上做其他事情。

本地渲染与云渲染并非完全对立，相比单机版渲染依赖终端完成，云渲染并非完全依靠云侧进行，要解决的是云网边端协同分工，旨在实现云网协同。云渲染聚焦云网边端的协同渲染，时延不确定性成为关键技术挑战。将 VR/AR 应用所需的渲染能力导入云端，有助于降低终端配置成本，帮助用户在移动头显平台获得媲美高价 PC 级的渲染质量。

3. 人工智能助力渲染技术

人工智能将成为 VR/AR 渲染质量与效能的倍增器与调和剂。当前，业界日益聚焦深度学习渲染这一热点领域，以期针对多样化的业务场景，解锁平衡质量、速度、能耗、带宽、成本等多维渲染指标间的技术定式。

在渲染质量方面，在 2018 年英伟达发布的 GeForce RTX 20 系列显卡中，推出了包含深度学习超采样（DLSS）功能的驱动程序，通过以较低分辨率渲染图像再经 AI 算法填充像素的方式，显著提升了画面精细程度。

在渲染效能方面，为在移动终端平台得到高质量的 VR/AR 沉浸体验，业界结合深度学习与人眼注视点特性，积极探索在不影响画质感知的情况下，进一步优化渲染效能的技术路径。脸书（Facebook）提出一种基于 AI 的注视点渲染系统 DeepFovea，利用生成对抗网络（GAN）的研究进展，通过馈送数百万个真实视频片段模拟注视点外围像素密度降低来训练 DeepFovea 网络，GAN 的设计有助于神经网络根据训练视频的统计信息来补缺细节，进而得到可基于稀疏输入生成自然视频片段的渲染系统。测试显示该方案可将渲染计算负载降低至十分之一，且能够管理外围视场的闪烁、锯齿和其他视频伪影。

在图像预处理方面，预先对图像进行降噪处理有助于提升后续图像分割、目标识别、边缘提取等任务的实际效果。与传统降噪方法相比，深度学习降噪可获得更优的峰值信噪比（PSNR）与结构相似性（SSIM），如英伟达 OptiX 6.0 采用人工智能加速高性能降噪处理，从而减少高保真图像渲染时间。

在端云协同架构方面，随着电信运营商云化虚拟现实发展推广，针对多样化的应用场景与网络环境，人工智能有望成为渲染配置自优化的重要手段。

Chapter 5

第五章

元宇宙的实现路径：
VR/AR/MR

在互联网时代，电脑和手机作为硬件设备拥有广泛的普及度。那么，在元宇宙时代，什么才是普通人通往元宇宙的黄金"硬件"？我们不难发现这道题的答案是VR/AR/MR设备。

第一节 VR 概述

一、VR 的取名

Virtual Reality 的中文直译为虚拟现实。这里不得不提三十年前我国著名科学家钱学森为 VR 取的一个中国味特浓的名字,钱老认为:以前人们直译为"虚拟现实",是对英文词汇的简单对译,不是概念层面的词汇择定,"太没有中国文化味了"。VR 技术最显著的特点就是虚拟和现实的结合,能使人在虚拟世界里获得如临现实的真切感受。钱老前瞻性地指出,VR 技术的产生和发展将扩展人脑的感知和人机结合的体验,使人与计算机进入一个深度融合的时代,因此,将 VR 取名为"灵境"更为确切——这临境感不是真的身临其境,只是感受而已,是虚的……

虚拟现实就是利用 VR 眼镜(也称为头戴显示设备或头显设备)将人对外界的视觉、听觉封闭,使用户产生一种身在虚拟环境中的感觉。其原理就是左右眼屏幕显示带有视差的图像,模拟人眼视差,大脑获取带有视差的信息后在脑海中产生立体视觉效果。用户在这个与现实世界隔绝的虚拟环境中,感受到三维空间的大小、周围材料的质感和声音的回响,能以自然的方式与虚拟对象(物体)实时交互,如同身临其境一般。

举一个利用 VR 技术参观历史博物馆的例子。当你戴上 VR 头盔与手套后,你已置身于一个不受时空限制的历史博物馆中,当你四处行走或者转头时,你所看见的景象也会随之改变,你可穿过大厅,进入 1 号展厅;当你看见一件精美的展品时,你甚至可以上上下下、里里外外仔细地观摩——这就是虚拟现实技术带来的真实感觉。

二、VR 的实现

要实现 VR,就要实现 3D 立体感、沉浸感和交互感。

（1）呈现画面的 3D 立体感

希腊数学家欧几里得（Euclid）发现了人类之所以能洞察立体空间，是因为人们的双眼在看同样的图像时，由于左右两眼间相隔着一定的水平距离，两眼的角度不同，在视网膜上形成的图像也并不完全相同，这种现象称为双眼视差。这种差别能让我们感知到深度，让事物看起来立体。VR 眼镜就是利用双目视差原理，将左右屏幕分开，为我们的双眼分别呈现含有视差的左右图像，从而让我们感觉到画面的立体性（3D 感），如图 5.1 所示。

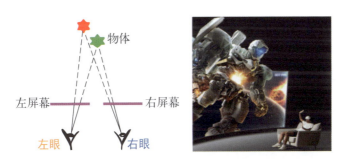

>> 图 5.1　VR 通过左右眼屏幕形成的视差实现 3D 立体感

（2）呈现画面的沉浸感

VR 设备通过光学透镜的折射原理，可使显示屏幕上的图像形成更大更远的虚像，使小显示器的影像变成类似大银幕画面，从而实现沉浸式成像的效果。仿佛整个影院只有你一个人，很有包场的感觉，如图 5.2 所示。

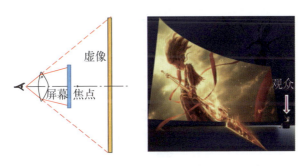

>> 图 5.2　VR 通过透镜放大图像实现沉浸感

（3）实现交互感

在 VR 眼镜中，我们通过放大的图像为用户提供了沉浸感，利用左右分屏显示存在视差的图像实现了虚拟的 3D 感。需要注意的是，与 3D 电影不同，VR 强调的是 360°全景交互，不仅有强烈的沉浸感和立体感，更重要的是允许用户和虚拟世界进行交互。目前从市场上看，主要通过 VR 头显中的传感器捕捉头部动作（左右扭头、上下点头），用 VR 控制器（手柄）定位追踪身体动作（转身、行走等），通过 VR 外设（如数据传感手套、动作捕捉服等）感受 VR 场景中的听觉感知、力觉感知、触觉感知、运动感知、味觉感知、嗅觉感知等各种感知，还可以直接用人手实现姿态控制，将体验者置身于三维世界中，进行信息交互，如图 5.3 所示。

》图 5.3　VR 通过头显、手柄、手套中的传感器实现交互感

总之，VR 可以看视频、玩游戏、投屏，如图 5.4 所示。

虚拟现实是通过计算机图形技术、三维跟踪技术、传感技术和各种显示技术等为用户构建完全虚拟的沉浸式环境。

》图 5.4　VR 看 3D 电影、玩体感游戏

三、VR 设备

VR 眼镜主要有三种类型：VR 手机盒子类、VR 一体机和 PC VR。

其中，移动端头显设备俗称 VR 手机盒子，属于入门体验级 VR 眼镜，结构很简单，利用头戴设备造成封闭感和依靠手机作为运算显示的载体。通常是把手机嵌入一个"盒子"（头戴设备）中，也有的外接智能手机，然后在手机和眼睛之间加了两副透镜，通过显示成像技术为左右眼分别提供视角不同的画面，营造出双目视差的环境，从而让人感觉到立体画面，营造 VR 氛围。这类设备价格起伏很大，50 元到上千元不等，显示效果没有其他两款好。VR 手机盒子简单来说就是一个便携巨屏，主要用途是通过巨屏看电影，看的内容和质量取决于手机，手机有什么就看什么。

VR 一体机是具备独立处理器的 VR 头显，就是把处理器（CPU+GPU）、显示设备、内存、传感器、音频输出等都集成到 VR 眼镜里面，可以说把电脑集成到 VR 设备中了，有操作系统。可由内向外追踪检测头部动作，摆脱了搭配手机和 PC 的束缚，无需其他设备即可使用，也可以通过有线或者无线串流的方式连接 PC 一起使用。同时价格也相对合理（1000～40000 元），适合玩简单的 VR 游戏、看电影。

PC VR 也称为 VR 头显，属于 PC 连接类 VR 设备，是三类中最为高端的，不能单独使用，需要外接 PC 或者 PS4（游戏主机）。数据运算由 PC 或游戏主机的 CPU 和显卡来完成，主要性能依赖主机端的显卡和处理器，将计算数据和渲染图形传输至头盔显示器中（专业术语称为串流），采用由外向内的定位方式。

三种主要类型的 VR 眼镜见表 5.1。

表 5.1　主要类型的 VR 眼镜一览表

分类	特点	主要用途	代表产品
VR 手机盒子	又称为头戴影院，必须搭配手机作为屏幕，播放性能依赖于手机，价格低廉	看电影 （2D、3D、全景）	谷歌纸盒 三星 Gear VR HUAWEI VR

续表

分类	特点	主要用途	代表产品
VR 一体机	不需要外接任何设备，自带处理器、内存、屏幕、传感器、音频输出等	看电影（2D、3D、全景）玩简单 VR 游戏	Oculus Quest Pico Neo 3 爱奇艺 奇遇
PC VR	不能单独使用，需外接电脑，性能取决于电脑的配置	玩大型 VR 游戏	HTC Vive Oculus Rift S 索尼 PS VR

第二节　VR 头显

一、头显设备概述

头盔显示器（Head-Mounted Display，HMD），也称头戴式显示器，顾名思义就是一种戴在用户头上使用的显示器。它的主要部件是一个放置在人眼前面的显示装置，此外还有将显示器固定在头上的固定结构等。

头盔显示器主要分为两大类：沉浸式头盔和透射式头盔，如图 5.5 所示。

种类	简介	典型设备
沉浸式头盔	主要是虚拟现实头盔，用于构建沉浸式的虚拟现实环境	Oculus Rift、HTC Vive
透射式头盔	主要用于增强现实	Hololens、Magic Leap

》图 5.5　头盔显示器类型

虚拟现实眼镜属于沉浸式头盔，它将人对外界的视觉、听觉封闭，引导用户产生一种身在虚拟环境中的感觉。其显示原理是左右眼屏幕分别显示视差不同的图像，人眼获取这种带有差异的信息后在脑海中产生立体感。VR 头显示意图见图 5.6。

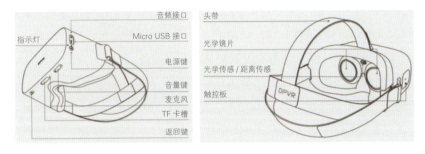

>> 图 5.6　VR 头显示意图

二、VR 头显的组成

VR 头显设备的组成为处理器、存储器、显示屏、镜片、摄像头、传感器、无线连接、电池。可以说，VR 头显 = 屏幕 ×2（左右眼）+ 光学组件（放大镜 + 屈光度近视镜）+ 陀螺仪，如图 5.7 所示。

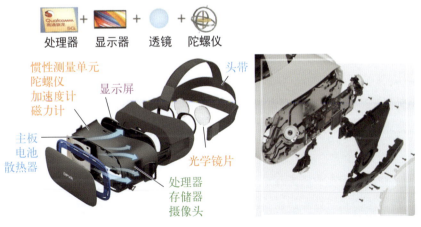

>> 图 5.7　VR 头显

1. 处理器

目前 VR 的使用场景主要是游戏和视频，图像处理和显示是其功能重点，处理器包括 CPU 和 GPU，负责计算、渲染和图像处理。处理器配置越强，游戏运行的速度越快，就越不会出现卡顿以及画面延迟的情况。目前一般比较好的 VR 头显都会配置高通骁龙处理器。

VR 处理器的典型代表：高通。早在十多年前，高通就已经涉足 XR 领域，连 XR 这个概念也是高通率先提出的。2019 年年底，高通推出了全球首款支持 5G 连接的扩展现实平台骁龙 XR2。单看命名就知道这已经不是高通第一款 XR 计算平台了。高通已经开发了两代专门的 XR 平台，即骁龙 XR1 和骁龙 XR2。骁龙 XR2 如图 5.8 所示。

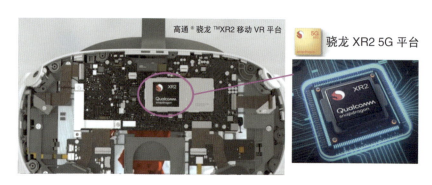

>> 图 5.8 高通骁龙 XR2 芯片

目前，高通骁龙 XR2 平台已广泛应用于 Meta、HTC 等公司的 VR/AR 头显，成为打造元宇宙的基石。2021 年，高通骁龙 XR2 平台获评《时代》周刊 2021 年度最佳发明。

2. 存储器

包括 VR 头显的内存和闪存。VR 头显的内存就是运行内存，是用来运行程序的临时储存空间，运行内存越大，运行程序时就会越流畅，决定了可以同时运行多少个后台程序而不卡顿。而 VR 头显的闪存指的是储存空间，可以理解为 VR 头显的硬盘，是存储游戏和应用程序用的。

目前主流的 VR 头显配置的内存为 6GB,闪存为 128GB。一般来说,内存和闪存容量越大,游戏和应用程序运行就越流畅。很多 VR 头显还支持扩展存储卡。

3. 显示屏

目前大多数 VR 头显主要使用 4K 或更高分辨率屏幕,其屏幕材质采用 LCD、OLED 或 AMOLED 等。

4. 摄像头

利用摄像头采集到的图像信息,使用图像处理算法,来完成对摄像头所处距离、角度、朝向等信息的推算,实现对目标对象的定位追踪。VR 摄像头的类型包括红外摄像头、RGB 摄像头和深度摄像头,如图 5.9 所示。

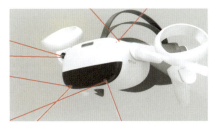
四枚广角摄像头
用于高精度的全屋级空间定位

四枚摄像头同时还用于
追踪全新设计的 6DOF 手柄

>> 图 5.9　摄像头用于空间定位产品实例

5. 电池

电池对于不依赖于主机的一体式 VR 设备非常重要,因为如果电池容量小了,还没玩尽兴就没电了,会很失落。从长期趋势看,更多的分离式设备将采用无线连接,长续航同样至关重要。电池容量现在比较主流的是 3000～5000mAh,容量越大,续航能力相对就会越持久,如图 5.10 所示。

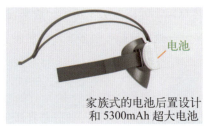 

>> 图 5.10 电池续航

三、VR 头显之镜片

VR 头显是如何实现巨屏效果的呢?

这就是光学透镜的功劳了,光学透镜是 VR 头显最重要的元素之一。光学透镜旨在愚弄你的眼睛,让你以为面前是一片广阔的空间,而不是两英寸[1]大的平面显示器。要做到这一点,光学透镜通过折射光线,可使显示屏幕上的图像放大到几百、上千英寸,形成一个巨幅画面。

用户戴上 VR 头显后,放大的图像为用户提供了沉浸感,左右屏幕显示的存在视差的图像为用户提供 3D 感。

VR 头显的光学镜片有三种:非球面镜片,球面镜片,菲涅耳透镜。

非球面镜片比球面镜片更平、更薄,视物更逼真。大部分 VR 镜片都采用非球面镜片,这样可以更加真实地还原我们所看到的世界,不会发生局部变形扭曲的现象。而球面镜片在边缘视野范围会产生物像轻微的扭曲变形。这就是二者最重要的区别,如图 5.11 所示。

菲涅耳透镜又称螺纹透镜。曲率和普通镜片没有区别,镜片表面一面为光面,另一面刻录了由小到大的同心圆。它的纹理是基于光的折射原理,同时根据相对灵敏度和接收角度要求来设计的,故菲涅耳透镜看上去像

---

[1] 1 英寸 = 2.54 厘米。

非球面镜片　　　　　　　　　球面镜片

>> 图 5.11　非球面镜片与球面镜片效果对比

一片有无数多个同心圆纹路（即菲涅耳带）的玻璃。这些透镜被用来放大头盔的内置显示屏，让图像占据用户的整个视野，这样用户就不会注意到屏幕的边缘了，如图 5.12 所示。

>> 图 5.12　菲涅耳透镜

目前主流的 VR 大都选用菲涅耳透镜，因为菲涅耳透镜常采用塑料材质，不仅更薄更轻，而且相对普通透镜效果更好，可以减少鱼眼效应等问题，且成本比普通凸透镜低很多。

四、主机系统

主机系统是指为头显提供各种功能的设备,比如智能手机、PC 等。主机系统决定了头显设备的智能化和自动化程度。

目前的 VR、AR 厂商也非常乐于与主机系统厂商合作,比如 Oculus 与 PC 品牌厂商合作推出的"Ready PC Program"项目,华硕和 Alienware 的几款高端 PC 产品已经获得了 Oculus 的认证,可全面支持 Oculus Rift。

五、VR 设备操作系统

一般开放的 VR 设备都采用安卓(Android)手机操作系统的修改版,索尼的 PS VR 采用索尼专用的操作系统,苹果 VR 设备采用自家定制的操作系统。

各大厂家一般还随机附带了产品专属的软件开发工具包(Software Development Kit,SDK),为专业用户提供二次开发。

第三节　AR 概述

一、从现实到虚拟现实再到增强现实

首先,什么是现实?你一定会说"眼见为实",自己看到的就是现实,即以影像的方式呈现给人类视觉系统的真实世界。简单而言就是真实世界的影像。

那么,让我们想一想:如果以某种方式生成影像,只要足够逼真,是不是就能愚弄人类的眼睛甚至整个大脑呢?是不是很像电影《黑客帝国》中的场景?这种虚拟出来的现实,即虚拟现实(VR)。当然,目前的技术还远远无法达到《黑客帝国》中的沉浸感。

那么，增强现实（AR）又是什么？

二、AR 概念

AR（Augmented Reality）中文译为增强现实，是将计算机生成的虚拟物体、场景或系统提示信息，通过多种设备，如与计算机相连接的光学透视式头盔显示器或配有各种成像元件的眼镜等，叠加到真实场景上，从而实现对现实的"增强"，同时，使用者可以通过各种方式来与虚拟物体进行交互。

"增强"（A）的范围比较广。笼统地说，凡是对现实（R）有附加额外信息的都可以算增强。除了像 HoloLens 中那样在真实场景叠加的各种全息影像外，如车载 HUD 抬头显示器中实时叠加的车道线，辅助生产系统中 AR 头显里显示的指示箭头等等，都可以算增强。再次强调的是，AR 里面的增强虚拟信息是叠加到真实的场景里面的，如图 5.13。

>> 图 5.13　AR 眼镜画面示例

目前，手机 AR 应用不需要任何其他专用硬件设备，在 iOS 和 Android 平台上有不少 App 应用，举例如下。

《我的世界：地球》是全球最火沙盒游戏《我的世界》的 AR 手机版本，玩家可以在现实生活里使用手机搭建一个现实版本的"我的世界"，如图 5.14 所示。

>> 图 5.14 《我的世界：地球》演示

Pokemon Go，中文名为口袋妖怪 GO，是一款 AR 宠物养成手游。玩家可以将虚拟宠物角色添加到现实世界中，如图 5.15 所示。

SnapChat Lenses 可以在自己的脸部添加各种道具做成动画，如图 5.16 所示。

>> 图 5.15 Pokemon Go 演示

>> 图 5.16 SnapChat Lenses 演示

三、AR 与 VR 的区别

VR 创造逼真的虚拟世界，如图 5.17 所示。AR 将虚拟对象和虚拟信息叠加在现实世界上，这些虚拟信息是为了"增强"现实环境而人为加上去的，如图 5.18 所示。

》 图 5.17　VR 独立于现实世界，远程虚拟参观太和殿

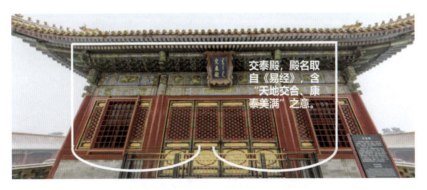

》 图 5.18　在现实世界上叠加虚拟情景信息，AR 导游实地游览交泰殿

戴上 VR 眼镜之后，我们看到的是一个完全的"假"世界，是一个虚拟出来的世界。与此同时，也意味着我们看不到现实世界，即 VR 看到的场景和人物全是虚拟的，将人的意识带入虚拟世界。

AR 看到的是虚实共存的画面,其关键词是"叠加",就是把虚拟信息,包括数据、图像等叠加在现实世界里,如图 5.19 所示。

说明:左图中的士兵戴上 AR 眼镜后看到的图像如右图所示,右图中的建筑物是现实世界中的真实对象,英文标注是虚拟的对象,通过 AR 眼镜,可以看到真实的场景,也能看到虚拟的英文标注,即虚实共存的场景。

》图 5.19　AR 虚实共存,其核心是"叠加"

AR 半沉浸,VR 全沉浸,如图 5.20 所示。

》图 5.20　AR 半沉浸,VR 全沉浸

VR 与 AR 关键技术的对比见表 5.2。

表 5.2　VR 与 AR 关键技术对比

技术	VR	AR
特点	沉浸感	虚实结合
	交互性	实时交互
	想象力	三维注册

第四节　AR 显示系统

　　AR 显示系统是通过摄像头和传感器对真实场景进行数据采集，传入处理器对其进行分析和重构，并结合 AR 头显或智能移动设备上的摄像头、陀螺仪、传感器等配件，实时更新用户在现实环境中的空间位置变化数据，从而得出虚拟场景和真实场景的相对位置，实现坐标系的对齐并进行虚拟场景与现实场景的融合计算，将其合成影像呈现给用户，最后用户通过 AR 头显或智能移动交互设备采集控制信号，进行相应的人机交互及信息更新，实现增强现实的交互操作。集成多种传感器的 AR 眼镜如图 5.21 所示。

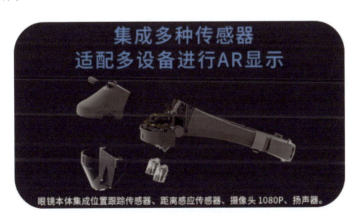

》 图 5.21　AR 眼镜集成多种传感器

AR 显示系统按构造分类如图 5-22 所示。

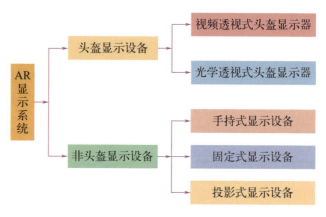

》 图 5.22　AR 显示系统分类

一、头盔显示设备

因头盔显示设备放置在人眼前方，在距离眼睛极近的位置显示图像，故属于近眼显示设备。该设备最初起源于空军领域，主要是解决驾驶员面对飞机上日益增多的精密仪器及武器系统所收集的大量信息的困扰，利用近眼显示产品可以将各仪器仪表的所有信息全部呈现在驾驶员前面的视场内，使驾驶员集中精力操作飞机和进行瞄准，如图 5.23 所示。

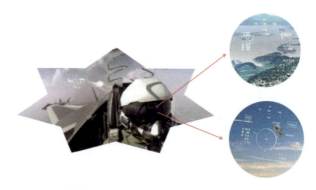

》 图 5.23　战斗机头盔瞄准具示意图

AR 手持智能手机和 PAD 为我们提供了一个价格低廉的 AR 实现方案，在生活、工作等场景中，作为近眼显示系统的 AR 眼镜能解放双手，为我们带来更多便利，使用价值更大，如图 5.24 所示。

>> 图 5.24 AR 眼镜解放双手

与沉浸式 VR 头显不同，AR 头显属于透视式头盔。透视式头显主要由三个基本系统构成：虚拟信息显示通道、真实环境显示通道和图像融合与显示通道。其中，虚拟信息的显示原理与虚拟现实系统所用的浸没式头盔显示器基本相同。图像融合与显示通道是与用户交互的最终接口。

根据真实环境的表现方式，头盔显示设备可分为基于 CCD 摄像原理的视频透视式头盔显示器和基于光学原理的透视式头盔显示器两类。

头盔显示设备根据显示器件数量的不同，还可以划分为单目头盔显示器和双目头盔显示器。

二、非头盔显示设备

非头盔式的显示设备一般包括手持显示器、平面 LCD 显示器、投影成像系统、自由立体显示器以及一些特殊场合专用的显示设备。其中较特别的有视网膜投影显示等。

目前 AR 头显价格还比较昂贵，还没有大规模进入普通消费者市场，多数消费者当前还是通过智能手机来体验 AR。安装专用 AR 软件后，手机摄像头拍摄的实时画面与虚拟内容叠加，在智能手机屏幕上形成增强现实画面。如今，95% 以上的高端智能手机都支持这一功能。

1. 手持式显示设备

手持式显示设备，顾名思义就是拿在手上的显示设备。最常见的就是我们的智能手机和平板电脑。这类设备具有很好的便携性。它们有摄像头作为图像输入设备，有自带的处理器，有显示单元，具备了进行 AR 开发的所有条件。目前市面上，很多增强现实 App 都是围绕这类设备开发的，如图 5.25 所示。

>> 图 5.25　手持式显示设备

2. 固定式显示设备

我们日常生活中最常见的一类显示器莫过于桌面显示器，通过为其添加一个摄像头（如 Kinect），可以捕捉空间中的图像信息，确定摄像头的位置和姿态，然后计算生成虚拟信息，并进行虚实融合，最终输出到桌面显示器上。这类设备适合做一些科研类的开发，对于商业应用显得有些笨重，比起手机和平板来说稍逊一筹。

虚拟镜子，利用摄像头对人进行拍摄，然后输出到一个类似于镜子的大型显示器上，给人一种照镜子的感觉。同时，还可以进行虚拟换装，或者添加一些虚拟物件，达到 AR 效果。

还有一些固定显示器，类似于雾幕、水幕、全息膜等，在上面投影出增强信息，可以实现 AR 效果。如图 5.26 所示。

>> 图 5.26　固定式显示设备展示

3. 投影式显示设备

投影机是一种重要的虚拟现实和增强现实设备。最常见的基于投影的增强现实系统是在展会上的各种绚丽的投影展品，包括虚拟地球、汽车表面投影等。这类系统属于空间增强现实系统。另外，柱幕、球幕、环幕投影也可以归为基于投影的空间增强现实。投影机除可构建数据可视化（Cave Automatic Virtual Environment，CAVE）系统外，还可以建立动态的空间增强现实系统。如图 5.27 所示。

>> 图 5.27　投影式显示设备

4. 视网膜投影

视网膜投影（Cinematic Reality，CR）是由 Google 投资的 Magic Leap 提出的。其核心在于，通过光波导棱镜，Magic Leap 从多角度将画面直接投射于用户视网膜，从而达到"欺骗"大脑的目的。就是说，画面不是显示在屏幕上，而是直接与视网膜交互，这与 MR 技术有相似的理念，同时也有助于解决 Hololens 头盔视野狭窄与眩晕的问题。可以说，CR 是一种终极虚拟技术，目前实现起来还需要一定时间。

三、AR 近眼显示系统

AR 与 VR 的显示系统比较相近，都属于近眼显示系统（Near-eye Display，NED），即在离人眼很近的位置显示图像，一般是通过光学镜片组件对微型显示屏幕发出的光线束进行反射、折射、衍射，最终投射到人的视网膜上，如图 5.28 所示。

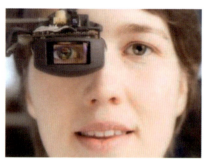

>> 图 5.28　AR 近眼显示系统

与 VR 不同的是，AR 显示系统需要透视（See-through），即在看到虚拟图像的同时要能看到外界真实的世界，就是成像的画面不能遮挡前方的实景视线。这就需要多加一个或一组光学组合器（Optical Combiner），通过"层叠"的形式，将虚拟信息和真实场景融为一体，互相补充，互相"增强"。这也是 AR 眼镜的一个难点所在。VR/AR 近眼显示系统如图 5.29 所示。

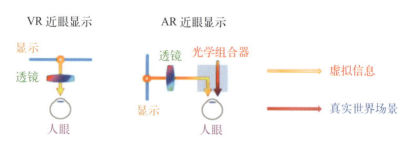

>> 图 5.29　VR/AR 近眼显示系统

四、AR 显示系统的种类

根据显示原理，AR 显示系统分为如下几种，见表 5.3。

表 5.3　AR 显示系统的种类

类型	视野	亮度	画质	特点
光学透视式 AR	相对较小	亮度根据眼镜决定	画面相对手机屏幕有些差距	佩戴眼镜可以腾出双手
视频透视式 AR	受制于手机屏幕	亮度就是手机屏幕的亮度，无差距	画面由手机屏幕决定，无差距	需用手拿着手机
投影仪 AR	受制于投影区域	亮度根据投影仪决定	画面相对手机屏幕有较小差距	不用佩戴眼镜不拿手机
镜面反射式 AR		亮度是手机屏幕的光线经过反射后的亮度	画面相对手机屏幕有些差距	

1. 光学透视式 AR

光学透视式 AR 是把光学组合器放置在用户眼睛的前方，该组合器一部分是透光的，用于显示现实环境的画面，另一部分是反射的，用于显示虚拟信息。AR 眼镜内部的投影仪将虚拟信息投射到光学组合器上，组合器将虚拟信息反射到用户眼睛里，实现了现实画面和虚拟信息的叠加。典型代表是：微软 HoloLens 2 等。

2. 视频透视式 AR

视频透视式 AR 是将手机和平板的摄像头中真实环境的画面与虚拟信息叠加到显示屏上。典型代表：可支持 ARKit 的 iPhone 和 iPad、可支持 ARCore 的 Android 等。其售价取决于手机和平板本身的价格。

3. 投影仪 AR

投影仪将画面投射到现实物体上，由摄像头捕捉用户的手势并响应用户的操作。典型代表：网易影见等。

4. 镜面反射式 AR

在 AR 头盔中放入手机，将手机的内容通过头盔内部的镜子反射到前方的玻璃上。典型代表：Realmax AR、联想 Mirage AR 等。

由上可知，视频透视式的 AR 设备是将 AR 画面（包括真实元素与虚拟元素）统一渲染后呈现给用户，并非将虚拟元素与物理实景进行光学融合，从技术角度上看实现简单但是无法给用户带来最佳的虚实融合的体验。因此目前的主流设备舍弃了视频式 AR，主要转向光学透视型 AR。

第五节 MR 概述

一、MR 的概念

MR 英文全称为 Mixed Reality，中文名为混合现实。如果说 AR 是虚实"结"合，那么 MR 可以看作是虚实"混"合。MR 能将物理世界和数字世界中的人、物和场所"混"为一体。不同于让用户完全沉浸在虚拟世界的虚拟现实（VR）技术，或是在真实世界基础之上叠加数据信息的增强现实（AR）技术，混合现实技术通过与周边真实环境的混合，使用户无论从听觉还是视觉都感到虚拟世界是真实场景的一部分，让现实世界与虚拟影像交互。

MR 是一组技术的组合（包括 VR 和 AR），如果一切事物都是虚拟的那就是 VR。如果展现出来的虚拟信息只是简单叠加在现实事物上，那就是 AR。MR 带给用户的是一个混沌的世界，同时包含了 VR 和 AR 的功能，如图 5.30 所示。

MR 到目前为止，只是一个相对理想的技术形态。为便于理解，我们用案例的形式来说明。

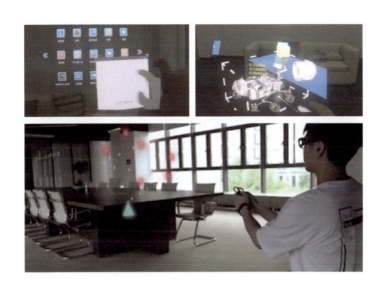

>> 图 5.30 MR 眼镜演示

【案例一】游戏《节奏光剑》（Beat Saber）是混合现实吗？

不是，节奏光剑是一款 VR 游戏，玩家使用 VR 头显时，是完全沉浸状态。如图 5.31，玩家在玩 VR 游戏时，看到的是屏幕中的画面。

>> 图 5.31 《节奏光剑》游戏截图

玩家玩《节奏光剑》的游戏视频是真人和虚拟的结合，如图 5.32 所示，属于 MR。但是这个游戏视频跟《节奏光剑》游戏没有关系，是基于

VR 眼镜、相机，结合绿幕进行抠图，基于手柄或者 Tracker 给相机定位，使用 LIV、OBS 这类录制软件抠图制作而成。又或者是采用 Quest 2 或者 iPad 凭借强大的硬件算法进行无绿幕抠图合成的。

>> 图 5.32　玩家使用 VR 头显玩《节奏光剑》游戏

支持 MR 录制的游戏很多，《节奏光剑》只是其中一种，像 *OhShape* 以及 VR 吃鸡游戏 *The Last Player* 都是基于 VR 游戏和绿幕录制的 MR 视频。

所以，《节奏光剑》游戏不是 MR，但绿幕加真人抠出来的《节奏光剑》视频是 MR。

【案例二】基于 VR 游戏和绿幕录制的玩家玩《光剑游戏》的视频是混合现实吗？

是 MR。

【案例三】微软 HoloLens 2 和宣传片中的效果，是 MR 混合现实吗？

是 MR。HoloLens 作为一款 AR 眼镜，实现了混合现实。

【案例四】Magic Leap 的鲸鱼跳出水面，一个小恐龙从桌面跳到地上，是 MR 吗？

不是 MR。Magic Leap 的鲸鱼跳出水面和小恐龙从桌面跳到地上，都属于 AR 范畴。这些是由平面识别范围内结合模拟物理效果完成的，如图 5.33 所示。

>> 图 5.33　Magic Leap 的实现效果

二、3D 电影、VR、AR、MR 的区别

3D 电影是立体的视觉特效，我们常去电影院看的 3D 影片采用的就是 3D 立体技术。很多读者会好奇 3D 技术的原理，其原理主要源于我们的大脑采纳信息的方式。我们的大脑天生就具备感知三维空间的能力，所以我们肉眼就能感知物体的空间关系，而 3D 电影也是利用人脑这个特点，如图 5.34 所示。

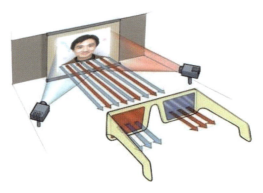

>> 图 5.34　左眼看红色图像，右眼看蓝色图像，大脑自动合成重叠

电影屏幕发射两种光线，我们佩戴特殊的眼镜，通过眼镜过滤色光从而两只眼镜收到不同的光线，右眼看到蓝光，左眼看到红光。人脑将两个影像重合产生逼真的三维立体效果。

VR 头显是放置于脸上的一个屏幕，开启设备后，它会欺骗你的大脑，让你认为自己身处一个完全不同的世界，例如太空中的飞船上，或者站在摩天大楼的楼顶，该设备的目的是营造真实的环境，如图 5.35 所示。

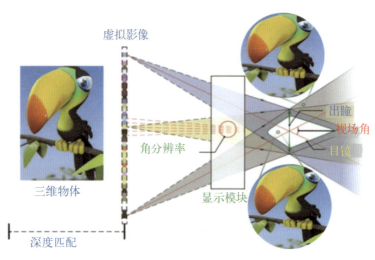

>> 图 5.35　VR 示意

在 VR 中，用户只能体验到虚拟世界，无法看到真实环境。如戴上 Oculus Rift VR 头显后，它将虚拟现实接入游戏中，使得玩家们身体感官中"视觉"的部分如同进入游戏中，戴上后几乎没有"屏幕"这个概念，用户看到的是整个世界，对游戏的沉浸感大幅提升。Oculus Rift 于 2016 年上市，产品虽不完美，距离真正虚拟现实的要求还有一大段路要走，但在当时已属突破性技术，如图 5.36 所示。

>> 图 5.36 VR：一眼一世界

AR 能够把计算机生成的虚拟信息（物体、图片、视频、声音、系统提示信息等）叠加到真实场景中，如图 5.37 所示。

  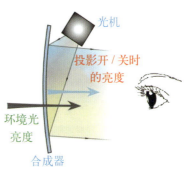

>> 图 5.37 AR 示意

在一个房间里，用户通过 VR 眼镜，进行绿幕或者无绿幕抠图，让房间里只剩人和虚拟内容，这叫 MR。

在一个房间里，用户通过 AR 眼镜，对真实世界进行虚拟内容的叠加和覆盖，用户可以让整个房间变成另一个世界，也可以保留一张桌子，保留用户和其他人，除了这些，房间里别的都是虚拟的，这个也叫 MR。

MR 产品旨在帮助人们与现实世界交互，使用者可以很轻松地在现实场景中辨别出虚拟图像，并对其发号施令，如图 5.38 所示。

》图 5.38　微软 HoloLens 2 展示

MR 是数字化现实加虚拟信息。VR、AR、MR 的关系如图 5.39。VR、AR、MR 的区别如表 5.4。

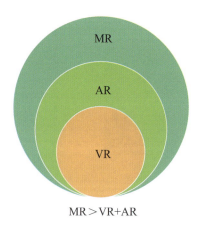

》图 5.39　VR、AR、MR 的关系

表 5.4　VR、AR、MR 的区别

类型	VR	AR	MR
要素	沉浸感：营造出身处虚拟场景中的感觉 交互性：用户可以与虚拟场景中的内容发生实时交互 假想性：根据设计者的想象设计各种各样的场景	现场感：直接显示真实世界的场景 增强性：对显示的真实世界增加文字、图像、视频等信息 相关性：显示的增强信息与真实世界高度相关	现场感：真实场景来自现场 混合性：真实场景与虚拟场景混合在一起 交互性：用户可以与虚拟场景中的内容发生实时交互
举例			

三、XR 简介

扩展现实（Extended Reality，XR）是 VR、AR、MR 等多种技术的统称。无论元宇宙如何被定义，它的核心不会改变，即通过 XR、XR 技术及设备的持续迭代来不断优化用户的数字化生活体验。XR 提供了现实世界与虚拟世界的桥梁，无缝衔接现实与虚拟，如图 5.40 所示。

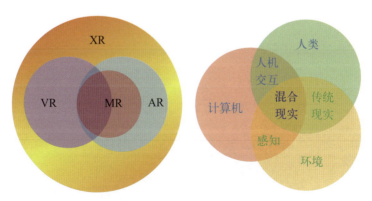

>> 图 5.40　XR——元宇宙虚与实的交汇点

Chapter 6

第六章

元宇宙的实时人机交互

实时人机交互是指用户与真实世界中的虚拟信息间的自然交互。实时是指无论用户身处何地,都能迅速识别现实世界的事物,并在设备中合成,通过传感技术将可视化信息反馈给用户。按照交互方式的不同,元宇宙存在着多种人机交互技术,下面我们一一介绍。

第一节 沉浸式声场

一、沉浸式声场示例

沉浸式声场精确模拟现实世界中的音频,让听众获得"身在画面中"的沉浸感体验,让"局外人"沉浸在叙事世界里,可以像角色一样体验故事,观众和叙事世界之间的距离被"缩短"了,感觉自己被"移入"到了那个世界,如图 6.1 所示。

》 图 6.1 沉浸式声场示例:用户沉浸在叙事世界中

二、二维声场到三维声场

沉浸式声场旨在创造出与真实场景难以区分的虚拟音频。我们所处现实环境中的声音来自四面八方,因此对于周围的环境状况和发生的事能够产生直接、准确的判断。在虚拟环境中,同样需要让用户听到来自四面八方的声音,才有助于在虚拟环境中产生真正的沉浸感。即当你听到三维虚拟声音时,声音来自围绕着用户的一个球形区域的任何地方,声音出现在你的头上方、后方或者在你鼻子的前方。我们把在虚拟场景中能使用户准确地判断出声源精确位置、符合人们在真实境界中听觉方式的声音系统称为三维虚拟声音，如图 6.2 所示。

>> 图 6.2　二维平面声场增加高度感，成为三维声场

在 AR 中，观众可以自主选择观看的方向和角度，用户要通过头显加耳机的方式感受 XR 体验，就需要在耳机中听到来自各个方向的声音。另一方面用户需要来回转动头部或者有大幅度的身体运动，因此还要考虑身体结构对于声音的影响。

三、传统音频定位理论

1. 耳间传播时间差

由于左右两耳之间有一定的距离，因此，除了来自正前方和正后方的声音之外，由其他方向传来的声音到达两耳的时间就有先后，从而造成时间差以供我们判定声音来源的方位。

2. 耳间音量大小差

声音的大小随距离而变化，再加上耳廓和头部的遮挡，最终到达两耳的声音所经过的路径是不同的，使得距离声源近的耳朵听到的声音要大一些，这就是耳间音量大小差。

3. 耳郭绕射效应和耳道频率振动

每个人的头部、躯干构造和耳朵的形状不同，声源发出的声波经头部、耳郭、躯干等散射后到达双耳，而这一过程声波接触的任何元素都将改变声音，令声波的频率与相位有所不同。图 6.3 是 HoloLens 2 的音频特写。

>> 图 6.3　HoloLens 2 音频特写

4. 反射和吸收

房间或者环境反射效应也是重要的参数。反射物体有其特有的声波吸收系数，比如，瓦砖和木夹板就有不同的反射值。回想一下，是不是闭上眼睛我们凭声音就能毫不费力地分辨是身处浴室还是卧室里？所以，如果我们想测量 3D 定位音频效应，最好考虑到所有的因素，如房间的大小、形状和建筑材料，以此增强声音的表现质量。

我们的大脑已经相当适应以上几个因素结合、共同作用的机制，当闭上双眼时，我们在一个安静的环境中仍然可以辨别声音的方向。

第二节　手势交互

一、手势识别

招手致意、挥手告别、拍手称赞……手势在不同场景中表达着不同的含义。手势是包含信息的身体运动。

手是人与外界进行物理接触及意识表达的主要媒介。传统的人机交互方式，是使用键盘、鼠标通过文本用户界面、图形用户界面（GUI）来与机器进行交互，手被限制在桌面上或一个小区域内进行简单的运动控制，而表达意义最为丰富的手的自然运动被牺牲了，我们可以采用非接触式用户界面，不需要敲打键盘、点击鼠标或触摸屏幕，只靠自己的手势来进行交互，使用户自然而然地将自己的意识传送至计算机。

手势识别是通过计算机算法来理解人体语言，从而在机器和人之间搭建比原始文本用户界面和图形用户界面更丰富的桥梁。手势交互技术的价值优势在于手是天然的输入工具，无须购买输入设备，且手势信息作为肢体语言，具有很强的表现力，赋予了内容开发者更大的创作空间，如图6.4 所示。

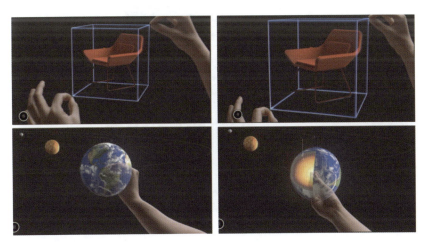

>> 图 6.4 HoloLens AR 头盔手势识别演示

最初的手势识别主要是利用可穿戴设备，通过传感器直接获取用户的手势信息传送至识别系统中，典型设备如数据手套等。数据手套能实时获取用户灵活多变的手势及空间方位，把人手姿态准确实时地传递给虚拟世界，以便在虚拟环境中再现人手动作，而且能够把与虚拟物体的接触信息反馈给用户，使用户更加自然地与虚拟世界进行交互，大大增强了互动性和沉浸感。

二、数据手套

数据手套由可伸缩的弹性纤维制成,可以适合不同大小的手掌。现在市面上主流的数据手套从传感器技术角度主要分为惯性、光纤以及光学三大类。光纤数据手套是在弹性纤维手套上固定有光导纤维和带式三维跟踪传感器,在每根手指的关节处有一个光导纤维环,光纤由塑料管束成若干路,以适应手指的弯曲运动。数据手套基于人体手部的运动机理进行设计和制造,如图 6.5 所示。

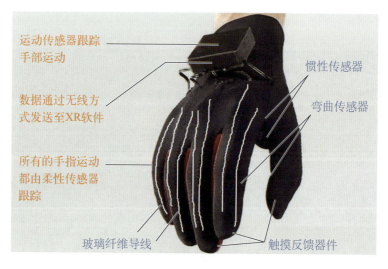

>> 图 6.5　数据手套示意图

数据手套实现的关键在于手掌、手指及手腕的各个有效部位的弯曲、伸展等动作的测量以及在此基础上的姿态的反演(反演能够模仿 AI 系统)。完成反演主要取决于人体手部姿态的建模,最根本的就是,确定传感器测量数据和手部各关节运动姿态的对应关系。虚拟现实数据手套由多个传感器组成,弯曲传感器对用户的每个指关节的弯曲度进行测量,采集其弯曲程度的数据。每两个手指之间的传感器记录着两个手指之间的角度,用以区分每根手指的外围轮廓。

数据手套分为虚拟现实数据手套和力反馈数据手套。

1. 虚拟现实数据手套

虚拟现实数据手套设有弯曲传感器,弯曲传感器由柔性电路板、力敏元件、弹性封装材料组成,通过导线连接至信号处理电路。具体结构如下:在柔性电路板上设有至少两根导线,力敏材料包覆于柔性电路板的大部分区域,随后在力敏材料外部包覆一层弹性封装材料。柔性电路板的一端延伸至外部,通过导线与外部电路连接。

如图 6.6 所示,在虚拟现实场景中,一双"虚拟的手"模拟交互,进行物体的抓取、移动、装配、操纵、控制。

>> 图 6.6　虚拟现实数据手套演示

数据手套的测量原理:光从光密媒质(折射率大)射入光疏媒质(折射率小)时,当入射角大于临界角,就会发生光的全反射现象。光纤在结构上分为内外两层:芯线和圆筒状包层。芯线的折射率比包层的折射率大,因此光从芯线射向包层时能够发生全反射,从而使光在芯线内从光纤的一端传输到另一端。当手部处于伸直状态时,手套中的光纤也保持伸直状态，由于芯线的折射率大于包层的折射率，光发生全反射，所有入射光都传输到光纤的另一端，因此光的传输量并未减少。当手指弯曲引起关节处光纤形变时，光纤包层的折射率发生变化，不再满足全反射条件，光产生折射，只有部分光传输到光纤的另一端，通过检测到达另一端的光强度，可以确定手指的弯曲度。数据手套中的光纤连为一束，并与一个光电检测装置相连，每根纤维的一端与一个发光二极管（发光装置）相连，另一端与一个光敏三极管（测量装置）相连，光纤一端发出的光线是否能到达另一端，由光敏三极管（测量装置）检测，实现对手指弯曲度的测量。

2. 力反馈数据手套

力觉和触觉是人体中唯一具有双向信息传递能力的感官。力反馈技术（Force-Feedback）用于再现人在虚拟环境中对力觉的感知。

力反馈数据手套是在传统数据手套的基础上，在手指尖和手掌等位置加上触觉反馈单元构成的。触觉传感器通常由振动电机、微动开关、导电橡胶、含碳海绵、碳素纤维、气动复位式装置等部件组成。其中，含碳海绵是在基板上装有海绵构成的弹性体，在海绵中按阵列分布含碳材料。当接触物体受压时，含碳海绵的电阻减小，测量流经含碳海绵的电流大小，可确定受压程度，从而实现触觉反馈。

力反馈数据手套的作用有两个：一是将传感器测得的人手的位姿在虚拟场景中虚拟手上再现；二是将虚拟手在虚拟环境中受到的虚拟力通过驱动器真实地反馈给人手，见图 6.7。

力反馈数据手套的本质是在获取人手运动姿态的同时，根据抓取物体的状态施加虚拟力到相应的受力关节，产生实际人手抓取的力觉感受。

力反馈数据手套通过集成在手套中的多个震动电机的震动来模拟真实的触摸体验，用户能够用双手亲自"触碰"虚拟世界，并在与虚拟世界中的三维物体进行互动的过程中真实感受到物体的形状、重量和冲击时产

>> 图 6.7 Manus 力反馈数据手套示例

生的触感。比如弹钢琴时,可以感受到钢琴的触感;抓起一个物品时,可以感受到物品的重量。

三、光学标记

数据手套虽可提供良好的检测效果,但其成本较高,限制了在常用领域的广泛应用。随后,光学标记方法逐渐取代了数据手套。将光学标记戴在人手上,通过红外线可将人手位置和手指的变化传送到系统屏幕上,该方法同样能获得良好的效果,但仍需较为复杂的设备支持。

四、手部交互的发展趋势

手部交互呈现出由手势识别向手部姿态估计与跟踪发展的趋势。传统的手势识别是将静态手型或动态手势与预定义的控制指令进行映射,触发相应的控制指令。这种方式需要用户经过学习才能适应和熟练掌握。而手部姿态估计与跟踪技术无需判断手部形态的具体含义,通过还原手部 26 个自由度的关节点姿态信息,使虚拟手与现实世界中的双手活动保持一致。用户能够像使用真实手操作现实物体一样，对虚拟信息进行操作，这种技术学习成本低，可实现更多、更复杂、更自然的交互动作，如图 6.8 和图 6.9 所示。

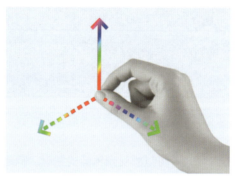

>> 图 6.8　使用大拇指和食指之间的矢量读数来控制方向不是很自然

>> 图 6.9　用手的倾斜来控制方向会感觉更自然

第三节　眼动追踪

一、眼动追踪简介

当人的眼睛看向不同方向时，眼部会有细微的变化，这些变化会产生可以提取的特征，计算机可以通过图像捕捉或扫描提取这些特征，从而实时追踪眼睛的变化,预测用户的状态和需求,并进行响应,达到用眼睛控制设备的目的,比如用户通过眼球即可控制翻动页面等。通过图像设备捕捉人的眼球运动信息,可以实现人机交互。

眼动追踪就是确定人类或者动物的注视点,如图 6.10 所示。更准确来说是通过仪器设备定位瞳孔位置,获取坐标,并通过一定的算法,计算眼睛注视或者凝视的点,让计算机知道你正在看哪里,何时看的,为什么看。

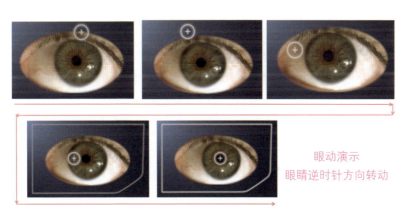

>> 图 6.10　眼动追踪示例

二、眼动追踪技术原理

目前热门的眼动追踪技术主要基于眼睛视频分析(Video Oculographic,VOG),其基本原理是:将一束光线(近红外光)射向被试者的眼睛(人类通常看不到近红外光,因此不会对用户带来干扰),近红外光在角膜上产生反射,红外(IR)摄像机捕捉这些反射光,通过分析反射信息推断被试者注视的方向,从而跟踪其注视点的移动,如图 6.11 所示。目前典型的基于视频的眼睛跟踪器是 EyeLink 系列眼动仪。

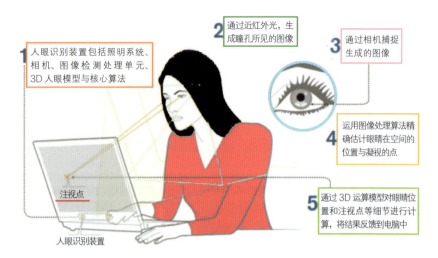

>> 图 6.11　眼动追踪技术原理

如使用 AR 设备的眼动追踪功能，可以通过眼睛直接操控和表达，在游戏中动作更加敏捷，判断更加精准。通过眼动追踪执行渐变渲染，可将 GPU 功率分配给聚焦区域，从而获得更清晰的图像显示效果。

第四节　触觉反馈

一、触觉反馈简介

从听觉和视觉交互到触觉、温度等全方位感官体验或是元宇宙发展的里程碑事件。目前 XR 设备带给人的沉浸式感官体验是基于视觉和听觉的，然而终极形态的元宇宙要实现人类完整感官的模拟，目前业内发力的方向主要是触觉、温度等感官的传感。

我们都感受过游戏中的震动特效、手机静音时的振感。但这些触觉振动对元宇宙而言还过于初级，无法再现真实世界的触觉。因此，想要将虚拟空间打造为"现实环境"，触觉也是关键的一环。

元宇宙世界里的触觉反馈是一种力的反馈，将虚拟接触转换为物理的感知。戴上手套，用户能够在元宇宙中感受到一种不可思议的"现实主义"——将手放在虚拟的云雨下，你会感觉到一阵雨滴落在皮肤上；握住一只虚拟的昆虫，你可以在手掌上感受它在你身上爬行的痒……

二、Tesla Suit 全身触觉反馈服

英国身体触觉体验套件研发商开发的 Tesla Suit 全身触觉反馈服（特斯拉动作捕捉装）如图 6.12 所示。

>> 图 6.12　Tesla Suit 全身触觉反馈服

Tesla Suit 的工作原理有点类似电子针灸仪，采用电极刺激的方式，利用微弱的电脉冲让你的身体产生触感。当用户穿上 Tesla Suit 后，服装中的运动追踪器、温度感应器、"T-Belt"控制带能在全身创建电子信号感触点，同时提供正确的触觉反馈，包括温度、触感、压力等等，让用户真正"感觉"置身于虚拟环境中。此套服装还可以无线连接到市面上绝大

多数虚拟现实设备，比如 Oculus、谷歌眼镜、META Space Glasses、HTC Vive&Valve、Room-Scale、PlayStationVR、OSVR、微软 HoloLens 以及爱普生 Moverio 智能眼镜。而且，通过 Wi-Fi 和蓝牙，也能和游戏机（PSP 和 Xbox）、PC 电脑、平板电脑以及智能手机建立连接。

三、Tesla Suit 手套

该公司还开发了一款 Tesla Suit 手套，可以模拟手部和手指的触觉反馈，使用户体验到虚拟物体的纹理、形状和触感，如图 6.13 所示。

>> 图 6.13 能让你"摸到"实物的"触觉感应手套"

这款手套还可以捕获用户的脉搏和其他生物特征信息，通过 Wi-Fi 和 Tesla Suit 配套使用，提供近乎全身的 VR 触觉反馈。

四、惯性动作捕捉

在运动物体的重要节点佩戴集成加速度计、陀螺仪和磁力计等惯性传感器设备，传感器设备捕捉目标物体的运动数据，包括身体部位的姿态、方位等信息，再将这些数据通过数据传输设备传输到数据处理设备中，经过数据修正、处理后，最终建立起三维模型，并使得三维模型随着运动物体真正、自然地运动起来。经过处理后的动捕数据，可以应用在动画制作、步态分析、生物力学、人机工程等领域。

在动作捕捉系统中，陀螺仪传感器用于处理旋转运动，加速计用来处理直线运动，磁力计用来处理方向。通俗易懂地讲，陀螺仪知道"我们是否转了身"，加速计知道"我们运动多长距离"，而磁力计则知道"我们的运动方向"。在动作捕捉系统中三种传感器充分利用各自的特长，来跟踪目标物体的运动，如图 6.14 所示。

》 图 6.14 惯性动作式捕捉演示

目前，惯性捕捉在准确性方面居于光学捕捉之下。实际产品有诺亦腾发布的全身无线动作捕捉系统。

第五节　语音交互

在 VR 世界中，用户根本就无暇顾及文字性的指示信息，经过测试发现，大部分用户看到 VR 头盔中的提示文字后，反而会无所适从，而且文字指示还会干扰用户的沉浸式体验，最好的方法就是使用语音进行交互。语音交互有两个功能，一个是交流，一个是控制。交流包含实时语音、对讲机和语音输入。控制包含语音识别，比如一些口令等，通过语音来控制交互。

从听觉和视觉到体表感知的进化能够进一步提升元宇宙入口的沉浸感，并大大拓展了 VR/AR 在军事训练、运动训练等行业领域的使用价值。

虚拟现实（VR）感知交互的发展趋势侧重于多通道交互的一致性，即通过视觉、听觉、触觉等感官的一致性，以及主动行为与动作反馈的一致性。基于用户眩晕控制与沉浸体验方面的特性要求，浸入式声场、眼球追踪、触觉反馈、语音交互等交互技术成为虚拟现实的刚性需求。

增强现实（AR）感知交互的发展趋势侧重于基于机器视觉的环境理解。环境理解呈现由有标识点识别向无标识点的场景分割与重建的方向发展。基于机器视觉的环境理解成为 AR 感知交互的技术焦点，随着深度学习和定位重建技术的发展，机器识别会逐渐拓展到对现实场景的语义与几何理解。

第六节　脑机接口

人机交互是人类通往元宇宙的入口，借助于自然用户界面，AR/VR 带来了更自然的图形化交互体验，也是最有望实现元宇宙的第一个入口。但长远来看，脑机接口才是元宇宙入口的真正形态。

一、脑机接口概述

回顾整个人机交互发展历程,人机交互的指令输入形式和反馈输出形式都在朝着更低的操作门槛和更高的交互效率演变。当前我们正处在智能手机时代和下一个交互形态的交界处,尽管 VR/AR 在输入技术(传感)和输出技术(显示)方面均较上一代交互设备有显著飞跃,但只能赋予人们局部感官的超现实体验,并不能实现所有感官的共享与交互。随着元宇宙应用的发展和内容生态的完善,元宇宙对硬件的需求逐步清晰,将推动 VR/AR/ 脑机接口设备的逐步升级,最终有望出现可以和 PC、智能手机媲美的下一代脑机接口硬件。

在科幻电影中,经常有这样的场景:残障人士可以用机械臂自如地弹唱,人类依靠意念指挥着庞大的机械……其实,这些神奇的场景都是以一种技术为基础的——脑机接口技术(Brain Computer Interface,BCI)。

脑机接口,是指在人或动物大脑与外部设备之间创建的直接连接,从而实现脑与设备的信息交换。当人类思考时,大脑皮层中的神经元会产生微小的电流。人类进行不同的思考活动,激活的神经元也不同。而脑机接口技术可以靠直接提取大脑中的这些神经信号来控制外部设备,它会在人与机器之间架起桥梁,并最终促进人与人之间的沟通。

其实在很早之前,科学家就已经有了制造早期脑机接口的想法,但由于技术的限制,一直没有什么实质性的进展。在此后的时间里,人们针对该技术的算法和应用不断创新。如果将脑机接口技术的发展划分为三个阶段:第一阶段是科学幻想阶段,第二阶段是科学论证阶段,第三阶段也就是当下所处的阶段,主要聚焦用什么技术路径来实现脑机接口技术,将出现各种各样的技术方法,进入"技术爆发期"。

二、脑机接口原理

脑机接口系统允许被试者使用脑信号直接控制外部设备,根据所使用脑信号的类别，可分为以下四种：基于脑电的脑机接口、基于脑磁的脑机接口、基于功能性磁共振成像的脑机接口和基于功能性近红外光谱的脑机接口。其中，脑电是一种由脑细胞群之间以电离子形式传递信息而产生的生物电现象，是神经元电生理活动在大脑皮层或头皮表面的总体反应。相比于其他类型的脑信号，脑电具有采集方便、时空分辨率高等优点，逐渐成为脑机接口研究最主流的探索方向。

一个完整的脑机接口系统由信号采集、信号解码处理、信号输出/执行、信号反馈四个步骤实现，其系统如图 6.15 所示。

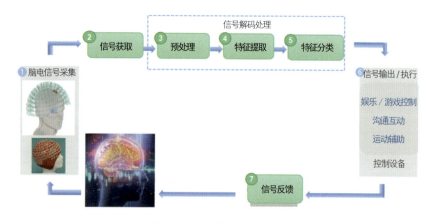

》图 6.15　脑机接口系统图

脑电信号采集：脑电采集是脑机接口的关键步骤，采集的效果、信号强弱、稳定性及带宽大小直接决定后续的处理及输出。由于大脑的中枢神经元膜电位的变化会产生锋电位或动作电位，并且神经细胞突触间传递的离子移动会形成场电位，通过在大脑皮质的运动神经位置外接或植入微型电极，可以采集并放大这些神经生理信号。

信号解码处理：信号处理是将转化为电信号的大脑活动，去除干扰电波以及其他信号，并将目标分类与处理，转化为可以执行输出的对应信号。

信号输出/执行：信号输出指将收集并处理后的脑电波信号传输至已

连接的设备器材,作为数据基础加工内容,或反馈到终端机器以形成指令,甚至实现直接交互。

信号反馈:在信号执行后,设备将产生动作或显示内容,参与者将通过视觉、触觉或听觉感受到第一步产生的脑电波已被执行,并触发反馈信号。

三、脑机接口分类

根据脑电的采集方式,目前的脑机接口技术可分为侵入式和非侵入式两大类。

侵入式脑机接口是指在大脑中植入电极或芯片。人的大脑中有上千亿个神经元,通过植入电极,可以精准地监测到单个神经元的放电活动。但这种方式会对大脑造成一定的损伤,电极的植入不但会损伤大脑神经元,也会有感染的风险,面临着由此带来的安全问题,难以获得长期稳定的记录,需要医护人员长时间连续观察等,应用局限于医疗康复领域。

非侵入式脑机接口是在人/动物大脑外部佩戴脑机接口设备——脑电帽,通过使用脑电帽上的电极从头皮上脑电信号获取脑部信息,主要缺点是信息精度及分辨率较低,可用于简单的信号判断与反馈,但较难传达复杂指令。

Chapter 7

第七章

元宇宙的人机交互设备

人机交互设备能在游戏、工作等元宇宙体验中，为用户提供更舒适、更便携、更多维度的体验。

用于人机交互的硬件设备是元宇宙世界的"入口",随着传感器、穿戴式技术以及低延时边缘计算系统的广泛应用,预计未来的人机交互设备将承载元宇宙中越来越多的应用和体验。由于能提供更好的沉浸感,头显中的显示器件被普遍认为是进入元宇宙的主要终端,此外传感器、控制器(手柄)、体感设备、动作捕捉设备以及外设部件等进一步为用户提供更舒适、更沉浸、更多维度的体验。

第一节 显示器件:屏幕

1. 屏幕类型

显示屏幕技术从最传统的 CRT(阴极射线管),到 LCD(液晶显示),再到 OLED(有机发光二极管),如图 7.1 所示。

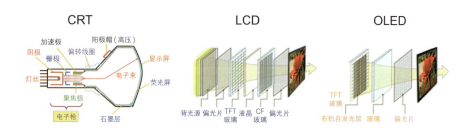

>> 图 7.1 屏幕演化史

2. LCD 屏

液态晶体(Liquid Crystal,LC),简称液晶,是一种物理相态,因其具有特殊的理化与光电特性,被广泛应用在显示技术中,且显著地改善了装置的轻薄程度,成为当代最普遍的显示技术。目前被广泛谈论的各种液晶屏幕都是 LCD(Liquid Crystal Display)。

LCD 屏的显示原理是在两个玻璃板之间添加上液体水晶溶液（液晶）、偏光片等材料，然后使用背光照射到屏上（即非自发光），液晶分子折射背光源的光线来呈现出不同的颜色，最终形成显示的图像。

LCD 屏幕也有着其自身的优点，首先 LCD 的屏闪现象相对较少，其次，LCD 屏幕的清晰度在同等条件下要比 LED 屏幕高 1/3。除此以外，相比烧屏大户三星采用的 LED 屏幕，LCD 完全不会烧屏，LCD 屏幕的老化也相对要慢一点。

3. TFT 屏

TFT（Thin Film Transistor）即薄膜晶体管。目前市面上主流的 LCD 显示屏，大都是 TFT-LCD，是目前最好的 LCD 显示技术之一。

4. IPS 屏

IPS 硬屏是由 TFT 升级而来的，本质还是 TFT 屏幕，只不过是采用 IPS 技术的 TFT 屏。相对于普通的 TFT 屏，IPS 硬屏拥有稳固的液晶分子排列结构，响应速度更快，不会像软屏在受到外界压力和摇晃时，出现模糊及水纹扩散现象，播放极速画面时更杜绝了残影和拖尾的现象。

5. LED 屏

LED 全称 Light Emitting Diode，是发光二极管的英文缩写。所谓 LED 液晶显示器，并不是一个准确的叫法，只是为了方便，其全称应该是 LED 背光源液晶显示器。由于液晶分子自身不能发光，LED 便扮演了背光源的角色。

液晶屏（LCD、LED）具有可视偏转角度小，容易产生影像拖尾现象（也称画面撕裂），亮度和对比度不是很高，存在液晶"坏点"问题等缺点。

6. OLED 屏

OLED 虽然只比 LED 多了一个字母"O"，但是两者是完全不同的科技。OLED 指的是 Organic Light Emitting Diode，即有机发光二极管，采用能够自身发光的有机材料涂层和玻璃基板，当有电流通过时，这些有机材料就会发光,因此不再需要背光源、液晶。

简单地理解,LCD 的显示原理有些像灯箱广告,一旦开启,整个背光板都会发光,背光透过前面的滤光片就呈现出滤光片上的图像。也因为这个原理,LCD 无法得到纯黑色;而一块 OLED 屏幕可以理解成是由千百万个 RGB 小灯泡组成的,通过控制 RGB 灯泡发光的强弱,就能直接显示不同颜色的图像了,每个像素点都可以独立工作,而关掉灯泡,则显示为纯黑色,如图 7.2 所示。

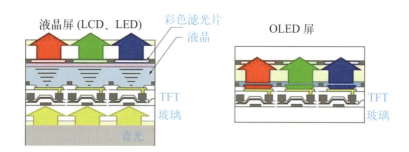

>> 图 7.2 液晶屏(LCD、LED)与 OLED 屏工作原理

7.OLED 屏较液晶屏(LCD、LED)的优势

OLED 屏相比液晶屏有诸多优势,首先,OLED 是自发光,能够将一些像素的亮度降低为 0,达到绝对黑暗。比如现在很多智能手环和手机支持熄屏显示时间,这在液晶屏上是难以实现的,液晶屏幕哪怕 99% 的画面都是黑屏,依旧需要整个背光都通电发光。而在 OLED 屏,只有需要显示的部分"灯泡"开关是开启的,其他都是关闭状态。因此 OLED 电压更低,更加节能,与同尺寸液晶屏相比,能节省 40% 的电能。

同时,OLED 屏的对比度更高,具有更宽广的色域、更灵活的显色效果。相比液晶屏,使用 OLED 屏幕能提供更高清的画面,如图 7.3 所示。

其次,OLED 的组成为固态结构,没有液体物质,从而抗震性能更好,不怕摔。

† LCD 由于有背光层,黑色不是纯黑

† LCD 是水彩笔画,色彩浅而模糊

† LCD 有光晕现象

† OLED 显示黑色时可以直接关闭黑色区域的像素点,来达到几乎纯黑的效果

† OLED 是油画,色彩纯而细腻

† OLED 无光晕现象

>> 图 7.3 液晶屏(LCD、LED)与 OLED 屏画质比较

再次,OLED 屏可以做得更轻更薄,VR 头显作为头戴设备,更轻就意味着更舒适。

还有,OLED 屏的反应速度是液晶屏的千分之一,显示高速运动画面时不存在拖影的问题,使用 OLED 屏触摸操控更灵敏,节省了操作时间,再也不会因为一次又一次操作无反馈而反复点击了,如图 7.4 所示。

>> 图 7.4 无拖影与明显拖影效果演示

最后，OLED 屏还具有可弯曲的特点，这也是 LED 面板完全无法做到的。

但是，在屏幕面积相同的情况下，OLED 的像素点比 LCD 要少，即像素密度低，所以在分辨率相同的情况下，OLED 屏不如 LCD 屏清晰，如图 7.5 所示。

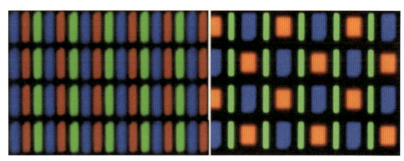

LCD 屏幕像素点排列　　　　OLED 屏幕像素点排列

>> 图 7.5　在分辨率相同的情况下，OLED 屏比 LCD 屏像素密度低

8. AMOLED

OLED 按驱动方式的不同可以分为被动式驱动 OLED（PMOLED）和主动式驱动 OLED（AMOLED）。主动矩阵有机发光二极体（Active-matrix OLED，AMOLED）是在 OLED 面板上加上了 AM 技术，实现主动控制。AMOLED 尺寸可以做得很大。AMOLED 以非晶硅、微晶硅、多晶硅或氧化物薄膜晶体管为驱动背板。

9. Micro-OLED

Micro-OLED 屏是一种更适合 VR 设备的小尺寸 OLED 屏，并没有像 OLED 一样，使用有机材料制造基板，而是以"无机"的单晶硅（磷化镓、氮化镓等）晶圆为基板，通过更小的方式排放在阵列中，因此 Micro-OLED 能做得更小。目前还只有索尼、京东方等少数厂商可以生产。Micro-OLED 几乎涵盖了传统 LED 的所有优点，除此之外还有着功耗更低、使用寿命更长的优势,但成本极其昂贵。

综上,屏幕对比如图 7.6 所示。

>> 图 7.6 屏幕对比

第二节 清晰度和流畅度

一、清晰度

VR 眼镜的画面清晰度涉及 2 个指标:分辨率、像素密度(PPI)。分辨率当然是越高越好,另外像素密度越高,画面越清晰。

1. 分辨率

屏幕分辨率越高,带来的体验就越好。

标清(Standard Definition,SD),480P、576P 被称为 SD。即纵向 480 线(640×480,704×480,720×480,848×480 等),纵向 576 线(720×576,768×576,1024×576 等)。

高清(High Definition,HD),720P 被称为 HD。即纵向 720 线(960×720,1280×720)。

全高清(Full High Definition,FHD),1080P 被称为 FHD。即纵向 1080 线(1440×1080,1920×1080)。

超高清（Ultra High Definition，UHD），4K 被称为 UHD。4K 名字的由来是因为横向的像素点约为 4000，4K 分辨率是 1080P 的 4 倍，即 3840×2160＝（1920×2）×（1080×2），也称为 4K UHD。

8K 超高清（Full Ultra High Definition，FUHD），8K 被称为 FUHD。8K 名字的由来是因为横向的像素点约为 8000，8K 分辨率是 4K 的 4 倍，即 7680×4320＝（3840×2）×（2160×2），也称为 8K UHD。

目前主流的屏幕分辨率为 4K，4K 分辨率是指水平方向每行像素值达到或者接近 4096 个，不考虑画幅比。4K 的名称得自其横向解析度约为 4000 像素（pixel），电影行业常见的 4K 分辨率包括 DCI 4K（4096×2160）、Full Aperture 4K（4096×3112）、Academy 4K（3656×2664）以及 UHDTV 4K（3840×2160）等多种标准。当分辨率处于 4096×2160 时，4096 表示水平方向的像素数，2160 表示垂直方向的像素数。

定义一个视频有"几 K"的方法为：横向像素数有几个 1024。例如：1K 分辨率为 1024×540 像素点，2K 分辨率为 2048×1080 像素点。在实际的数字母版制作和数字放映中，还需根据不同的画幅宽高比来对图像水平方向或垂直方向的像素数进行调整，所以接近 4K 图像（如 3840×2160 或 4096×2160）的像素数量的分辨率就称为 4K。如图 7.7 所示。

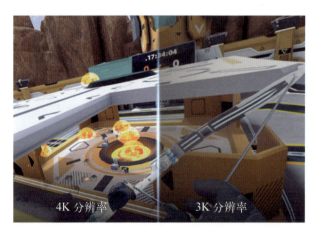

>> 图 7.7　分辨率越高，越清晰

H.265 是继 H.264 之后所制定的新的视频编码标准。H.265 用以改善码流、编码质量、延时和算法复杂度之间的关系，达到最优化设置。H.264 可以低于 1Mb/s 的速度实现标清（分辨率在 1280×720 以下）数字图像传送；H.265 则可以利用 1～2Mb/s 的传输速度实现 720P（分辨率 1280×720）高清音视频传送，如图 7.8 所示。

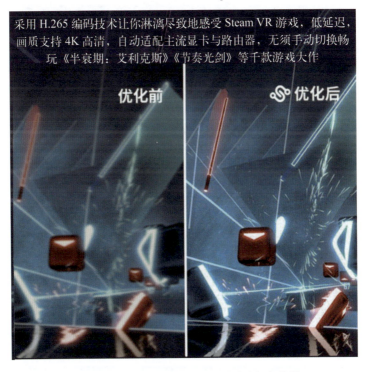

>> 图 7.8　H.265 实现 1~2Mb/s 高清音视频传送

2. PPI

PPI 全称 Pixels Per Inch，即每英寸有多少像素，决定了画质的清晰度。显示器的画面是由一个个像素方块组成的，PPI 数值越高，密度越大，画质也就更细腻清晰，如果显示器画面模糊，原因之一就是 PPI 数值低，如图 7.9 所示。

>> 图 7.9　不同 PPI 的对比

PPI 的大小还跟屏幕尺寸有关,一般来说,同样分辨率的显示器,尺寸越小,PPI 越大,画面相对更精细。PPI 的计算公式如下:

$$屏幕分辨率:X \times Y$$

$$PPI = \frac{\sqrt{X^2+Y^2}}{屏幕尺寸}$$

二、流畅度

流畅度用刷新率表示。刷新率表示屏幕画面每秒被刷新的次数,也就是屏幕的图像每秒重绘多少次,以 Hz(赫兹)为单位。刷新率越低,图像闪烁和抖动就越厉害;刷新率越高,即使是复杂的动画或互动都可以表现得很流畅,每一帧画面犹如河流一般自然顺滑,如图 7.10 所示。VR 游戏要求画面刷新率达到 90Hz 才能不晕眩。

由于刷新率与分辨率两者在一定程度上相互制约,因此只有在高分辨率下达到高刷新率的显示器才能称其为性能优秀。

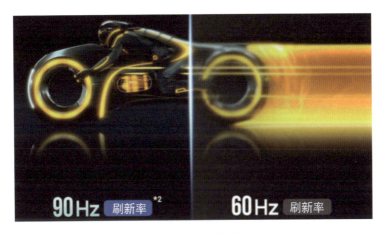

>> 图 7.10 刷新率

第三节 传感器

传感器相当于 XR 设备的五官,是人机交互的核心。传感器可以内置到 XR 设备中,也可以作为外设。眼部和头部追踪对于获得更好的 XR 体验至关重要,因为它们能降低图像刷新延迟,从而精确匹配用户的运动。延迟越低,用户的 VR 体验就越真实,用户"晕屏"的可能性就越小,如图 7.11 所示。

>> 图 7.11 正常画面与眩晕画面

第七章 元宇宙的人机交互设备

XR 设备中的传感器分成三个大类。最主要的一类是惯性传感器（Inertial Measurement Unit，IMU），包括加速度传感器、陀螺仪和地磁传感器，用来捕捉使用者的头部运动和手部运动，特别是转动。

第二类是动作捕捉传感器，目前的方案有红外摄像头和红外感应传感器等，具体方案不同，用的传感器也不同，主要用来实现动作捕捉，特别是使用者前后左右的移动。

第三类是 XR 设备中会用到的其他类型传感器，如用于检验物体位移的接近传感器、触控板用的电容感应传感器等已被广泛使用的传感器，也有眼球追踪用到的高动态捕捉摄像头，还有诸如实现手势识别、AR 功能的传感器。

一、加速度传感器

加速传感器（加速度计），正如它的名字所说，是用来测量空间中各方向加速度的。例如智能手机能够自动转换横竖屏，靠的就是加速度计。它利用"重力块"的惯性，当传感器运动时，"重力块"会对 X、Y、Z 方向（前后、左右、上下）产生压力，再利用一种压电晶体，把这种压力转换成电信号，随着运动的变化，各方向压力不同，电信号也在变化，从而判断 XR 设备的加速方向和速度大小。比如当你突然把 VR 设备向前推动时，传感器就知道你是在向前加速了。

二、陀螺仪

在飞行游戏、体育类游戏和第一视角射击类等游戏中，陀螺仪可以精准捕捉游戏者头部和手部的位移，比如戴着 VR 眼镜转动头部时，屏幕里的画面也会相应移动，从而实现各种游戏操作效果。

1. 陀螺仪简介

大家小时候都玩过陀螺，陀螺高速旋转时，其旋转轴所指的方向不会改变（定轴性）。如图 7.12 所示。我们骑自行车就是利用了这个原理，轮子转得越快，越不容易倒，因为车轴有一股保持水平的力量。另外，鸡头也是一个天然的陀螺仪，无论鸡的身体如何变换，鸡都能保持头部的稳定，以便视野保持稳定。

陀螺高速旋转时，角动量很大，旋转轴会一直稳定地指向一个方向

>> 图 7.12 陀螺仪具有定轴性

陀螺仪就是运用陀螺高速旋转时角动量很大，旋转轴会一直稳定指向一个方向的特性，制造出来的定向仪器。不过它必须转得够快，或者惯性矩够大（即角动量足够大）。否则，只要一个很小的力矩，就会严重影响其稳定性。

传统的陀螺仪主要是指机械式陀螺仪，如图 7.13 所示。

>> 图 7.13 机械陀螺仪

2. 陀螺仪原理演示

将三自由度均衡陀螺仪固连在飞机上，旋转轴提供惯性空间的给定

方向。开始时，飞机水平停放，旋转轴指向仪表的零方位，当飞机翻转（转弯、拉升、俯冲等）时，旋转轴指向仪表上的相对刻度，从而能给出翻转的角度，以指示飞机航向。

启动飞机上的陀螺仪，飞机在地面呈水平状态，校准陀螺仪，使高速旋转的陀螺仪的旋转轴指向仪表盘的 0°，见图 7.14。

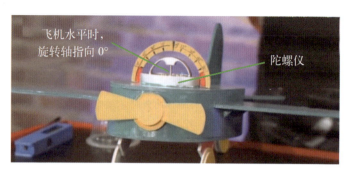

>> 图 7.14　飞机水平时，其旋转轴指向 0°

飞机起飞，当飞机在空中向右翻转 15°时，由于陀螺仪有很强的定轴性，其旋转轴指向左向 15°，如图 7.15 所示。

>> 图 7.15　飞机向右翻转 15°时，其旋转轴指向左向 15°

飞机在空中向前翻转机身 20°时，高速旋转的陀螺仪的旋转轴一直稳定指向一个方向，其旋转轴指向向后 20°，如图 7.16 所示。

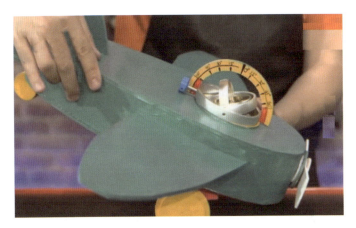

>> 图 7.16　飞机向前翻转 20° 时，其旋转轴指向向后 20°

　　随着技术的发展，陀螺仪也在不断进化。目前，光纤陀螺仪在许多领域逐渐取代了传统的机械式陀螺仪，成为现代导航仪器中的关键部件。激光陀螺仪也有突破，它通过光程差来测量旋转角速度，优点和光纤陀螺仪差不多，但成本较高。而我们现在智能手机上采用的陀螺仪是微机电（MEMS）陀螺仪，虽然其精度不如光纤和激光陀螺仪，需要参考其他传感器的数据才能实现功能，但其体积小、功耗低、易于数字化和智能化，特别是成本低，易于批量生产，非常适合手机、汽车牵引控制系统、医疗器材等大规模生产的设备。

　　虽然几种陀螺仪的结构原理完全不同，但是都能提供准确的方位基准。下面以智能手机配备的 MEMS 陀螺仪为例，来看看陀螺仪在手机中的应用。

　　应用一：游戏控制。相比传统重力感应器只能感应左右两个维度（多轴重力感应可以检测到物体竖直方向的转动，但角度难判断）的变化，陀螺仪通过对偏转、倾斜等动作角速度的测量，可以实现用手控制游戏主角的视野和方向。比如在飞行游戏中，手机可作为方向盘控制飞机，只需变换不同角度倾斜手机，飞机就会相应做出上下左右前后的动作。类似的应用主要集中在竞速和模拟驾驶类游戏中，如图 7.17 所示。

>> 图 7.17　陀螺仪实现将手机作为方向盘控制飞机

应用二：手机摄像头防抖。当我们按下快门时，陀螺仪测量出手机翻转的角度，将手抖产生的偏差反馈给图像处理器，用计算出的结果控制补偿镜片组，对镜头的抖动方向以及位移作出补偿，实现更清晰的拍照效果。

应用三：辅助 GPS 进行惯性导航。特别是在没有 GPS 信号的隧道、桥梁或高楼附近，陀螺仪会测量运动的方向和速度，将速度乘以时间获得运动的距离，实现精确定位导航，并能修正导航线路。这也是目前导航仪和汽车上的标配。

应用四：协助用户界面实现动作感应。这也是最常见的功能，比如 iOS 的动态壁纸，之所以能随着手机角度调整发生偏移，就是靠陀螺仪检测完成的。另外，有些手机还能通过前后倾斜手机实现通讯录的上下滚动，左右倾斜手机实现浏览页面的左右移动或者放大缩小。

三、地磁传感器

通过加速度传感器和陀螺仪，基本能够描述 VR 设备的运动状态。然而，长时间使用会产生累积偏差，从而造成运动姿态的计算误差。而地磁传感器（磁力计）通过测量地球磁场的方向和大小，从而始终知道"磁北"的方向。这使得设备能够通过绝对指向功能修正出现的"偏移"错误。例如，当 VR 头显误判方向时，地磁传感器可以纠正这一错误，确保设备指向正确的方向。

地球被磁场磁力所包围，这被称为地磁。地磁传感器用以检测地磁最大的方向，如图 7.18 所示。

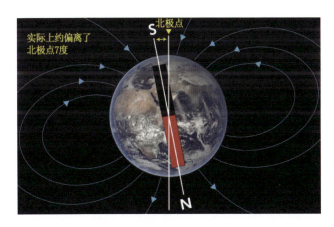

>> 图 7.18 地球是一个巨大的磁铁

四、惯性传感器

它是集加速度计、陀螺仪和磁力计（又称电子罗盘、地磁传感器）三种传感器为一体的"多合一"设备。惯性单元通过陀螺仪、加速度计对旋转角度和加速度进行解算，从而确定物体的位姿，再通过磁场传感器和算法，联合定位建立起空间坐标系。惯性制导系统首先被用于导弹上，惯性制导系统采用陀螺仪确定旋转角度，用加速度计测试加速度，然后通过数学计算，就可以算出飞弹飞行的距离和路线，然后控制飞行姿态，争取让导弹落到想去的地方。

对于 XR 设备而言，产品体验主要取决于动作捕捉的准确性和显示的延迟，而这在很大程度上，都是由设备中的惯性传感器决定的。惯性传感器又被称为九轴传感器，名称来源于其组成的三种传感器：三轴加速度传感器、三轴陀螺仪和三轴电子罗盘（地磁传感器）。三种传感器共同作用来感知 XR 头显和手部控制器的姿态，并将信息输出到虚拟现实场景中，构建与真实世界一致的头部和手部姿态。

和人的感知相似，不同的传感器在 XR 设备中发挥着不可替代的作用，当各种传感器进行多层次、多空间的信息互补和优化组合处理时，可以出色地完成感知外界环境的任务。

具体来讲，多传感器数据融合包括以下几种形式。

① 互补式融合：不同的传感器测量的是不同种类的参数，可以互相补充。

② 竞争式融合：不同传感器测量的是同一个种类的参数，则使用某种方式将它们结合起来，产生一个更好的测量结果。

③ 协作式融合：不同传感器之间是协作关系，其中某个传感器可能依赖于其他的传感器才能得出结果。

第四节　控制器（手柄）

控制器交互是目前 VR 领域最稳定、最成熟，也是最轻松的交互方式。现今三大 VR 头显厂商 Oculus、索尼、HTC Valve 都不约而同地采用了控制器作为标准的交互模式。控制器示意图见图 7.19。

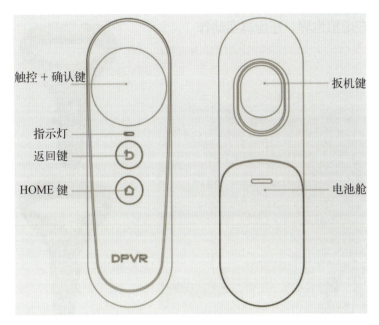

>> 图 7.19　控制器示意图

一、控制器概述

控制器是用户和虚拟世界交互的核心工具（类似 PC 的键盘和鼠标），一般以手持设备出现，通过它可以让用户追踪自己的动作和手势。手柄控制器需要具有 6 个自由度的完整旋转与位置追踪功能，延迟低且可准确到亚毫米等级，让用户与 3D 空间中的物体进行自然交互，从而增强沉浸感，如图 7.20 和图 7.21 所示。

像头盔一样，每个控制器都配备了磁力计、加速度计和陀螺仪以及红外传感器，对输入手柄的位置和移动方向进行亚毫米级的高精度跟踪。

在虚拟世界，还原真实动作

头部双目式定位系统配合手柄环状感应器，能实现毫米级精准定位和大范围动作捕捉。在游戏里，不仅能把拉弓这种大幅度动作准确还原，就连手指在按钮上的抖动都能复现，使体验更真实沉浸

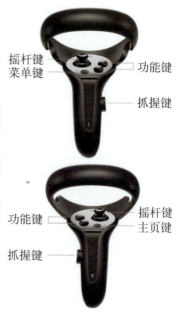

摇杆键
菜单键
功能键
抓握键

功能键
摇杆键
主页键
抓握键

>> 图 7.20　VR 控制器产品示例

遍布手柄的传感器模拟真实的触感

手柄按钮特写

>> 图 7.21　手柄控制器产品示例

二、HTC Vive 手柄

HTC Vive 手柄顶端采取了横向的空心圆环设计，上面布满了用于定位的凹孔，如图 7.22 和图 7.23 所示。

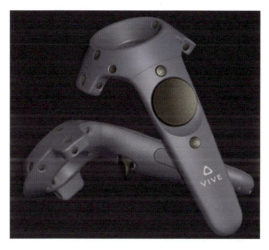

>> 图 7.22　HTC Vive 手柄

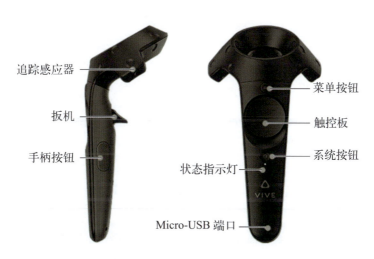

>> 图 7.23　HTC Vive 手柄示意图

第七章　元宇宙的人机交互设备

这些凹孔内嵌多达 24 个光敏感应器，用以接收基站发射的激光信号。持握时拇指方向设有一个可供触控的圆形面板，而食指方向则配备两阶扳机。这款产品能让用户在虚拟世界里拥有自己的双手。

出色的定位能力是它的撒手锏之一，灯塔（Lighthouse）技术的引入能够将定位误差缩小到亚毫米级别，而激光定位也无疑是排除遮挡问题的最佳解决方案。房间对角的两个发射器通过垂直和横向的扫描，就能构建出一个"感应空间"。设备顶端诸多的光敏传感器，能帮助计算单元精确定位手柄的位置和方向。

三、Oculus Touch 手柄

Oculus Touch 手柄中嵌入了一个小型摇杆和数个圆形按键，握柄方向还设置了单阶扳机，功能上与 Vive 手柄相差不大。其内部植入的传感器是其亮点之一，能够检测手指的接近、触摸和按压状态，这大大增强了控制器的交互体验，如图 7.24 所示。

>> 图 7.24　Oculus Touch 手柄

Oculus Touch 手柄演示如图 7.25。

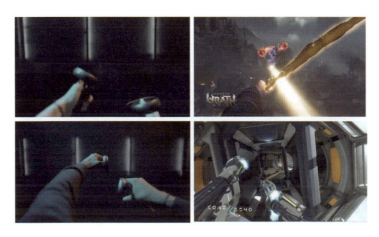

>> 图 7.25　Oculus Touch 手柄演示

四、Pico Neo3 手柄

Pico Neo3 手柄采用圆环状设计，环形感应增加了定位的准确度，圆环中布置的都是光学传感器，足足有 32 个，也就意味着即使在高速挥动时也能保持精准追踪。与 HTC 和 Oculus 手柄相比，Pico Neo3 手柄采用了更加细长的握把，按钮面板面积更小，按键排布更加紧凑，更加方便玩家操作。手柄样式和具体操作见图 7.26 和图 7.27。

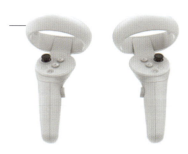

6 DoF 双手柄定位
Pico 第三代 6DoF 手柄追踪方案
毫米级定位，超低延迟

>> 图 7.26　Pico Neo3 手柄

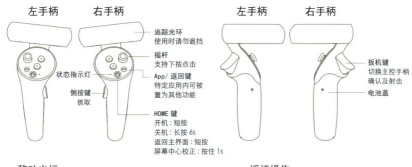

提示：未连接手柄的情况下，您可通过转动头部及点击头盔按键进行操作。

>> 图 7.27　Pico Neo3 手柄操作说明

第五节　体感设备

一、VR 体感枪 +Tracker 追踪器

　　VR 体感枪又称 VR 虚拟游戏枪，由锂电池、无线通信模块和触感反馈装置等组成，可以模拟冲锋枪射击、爆炸、远处爆炸等效果，提升玩家临场感，如图 7.28 所示。

>> 图 7.28　VR 体感枪

Vive Tracker 是 Vive VR 系列的位置追踪配件,可以通过绑定现实世界中的物体来追踪物体的位置。从使用的角度来看,它更像是一个简化的手柄,具备手柄一样的位置追踪功能,但没有实体按键,因其体积小巧便携,能够被绑定在任意物体上,将现实物体的动作和位置映射到 VR 环境中,如图 7.29 所示。

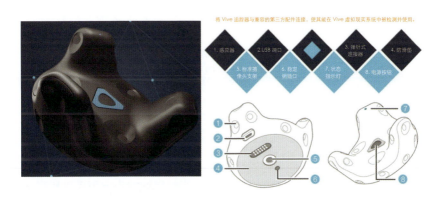

>> 图 7.29　Vive 追踪器

第七章　元宇宙的人机交互设备

Tracker 可将任意实物转化为 VR 交互对象。可以将其绑定到球棒、球拍、球杆等体育器材上，用于体育训练或模拟游戏；也可以绑定到座椅上，用于赛车模拟。在工业领域，还可以绑定扳手、锤子等工具上，用于工业模拟或虚拟维修培训，如图 7.30 所示。

>> 图 7.30　Vive 追踪器能将任何真实物体带入 VR 世界

二、体感控制器

由英国公司 Ultrahaptics 和美国公司 Leap Motion 合并而来的 Ultraleap 公司，主打手部追踪和隔空触觉技术，发布了一款面向 PC 以及 Mac 的体感控制器 Leap Motion，中文名为"厉动"。该设备功能类似已经停产的微软 Kinect，可以在 PC 及 Mac 上通过手势控制电脑。使用体感控制器，你只需挥动一只手指即可浏览网页、阅读文章、翻看照片和播放音乐。不使用任何画笔或笔刷，用指尖即可绘画、涂鸦和设计。用手指即可切水果、打坏蛋；用双手即可飙赛车、打飞机。如图 7.31 所示。

>> 图 7.31　Leap Motion 体感控制器

Ultraleap 公司还研发了隔空触觉反馈模块，名叫"STRATO Inspire"，是一个即插即用的触觉反馈模块，与触觉手套有异曲同工之处，都能够让人不接触实物，就体会到虚拟的触觉。不过和触觉手套完全不同的是，Ultraleap 实现这一体验无须佩戴任何设备，只需通过超声波就能裸手体验到虚拟触觉，如图 7.32 所示。

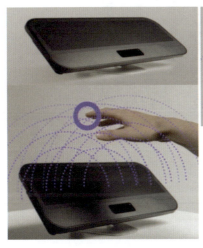
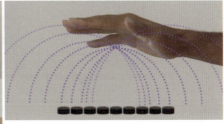

在隔空触觉反馈模块上整齐排布了非常多小型超声波扬声器，Ultraleap 通过算法让这些扬声器在一定的时间差内触发，并让它们在空中的某一位点汇合。Ultraleap 会用手部追踪技术让这一位点落在人手上，从而实现隔空触觉。

>> 图 7.32　STRATO Inspire 隔空触觉反馈模块

第六节 动作捕捉设备

一、动捕手套

全无线、全指捕捉的 VR 动捕手套，外观看起来就是一双黑红色相间的手套。通过建立在手指关节上的惯性传感器以及程序算法，手套可以高精度地捕捉五根手指的每一个细微动作，即便是用小手指轻轻触碰桌子上的多米诺骨牌这样的动作，也可以精确体现。同时，还包括一些其他功能，如腕部触觉反馈、传感器自我学习、本地计算传输等。

戴上动捕手套后，Vive 追踪器位于手腕部分，这时双手便可以随意做动作了。例如比画个数字 1、2、3，抓取一些物体……反正双手不用再紧紧握着其他东西了，想张开就张开，想紧握就紧握，这种自由想必是什么手柄都不能比的，如图 7.33 所示。

>> 图 7.33　用户戴上诺亦腾动捕手套使自己的双手在 VR 中自由挥舞

二、面部追踪器

面部追踪器可以精确捕捉真实的面部表情和嘴部动态，得益于超低的延迟率，嘴部动态和声音可以同步，为教育、医学和创新应用之间的人机交互带来新的维度，给 VR 体验带来更多改变的可能，如图 7.34 所示。

>> 图 7.34　Vive 面部追踪器

面部追踪器可追踪多达 38 种面部表情动态。Vive 面部追踪器通过在嘴唇、下巴、牙齿、舌头、脸颊和下颚上的 38 种混合形态来精确捕捉表情和动态,与 Vive Pro Eye 搭配使用可获得全面部追踪体验,如图 7.35 所示。

三、全身无线动作捕捉系统

全身无线动作捕捉系统 Noitom Perception Neuron PN 3 Pro 包含全身 17 节点惯性传感器、双手动捕手套、全身绑带、动捕压缩服、传感器充电盒以及高强度安全箱等。用户可以将这套系统穿戴在身上,实现全身动作追踪,如图 7.36 所示。

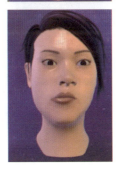

>> 图 7.35　Vive 面部追踪器可以精确捕捉真实的面部表情和嘴部动态

其中,每个物理惯性传感器都包括陀螺仪、加速度计和磁力计,能够感应绕空间三轴的旋转运动。即通过采用新的传感器标定方式、传感器算法、人体动作算法以及后处理算法来计算横滚、俯仰和航向(三轴旋转)。所有数据通过无线蓝牙传送到计算机中,通过与 PN 3 Pro 配套的 Axis Studio 软件,实现实时广播和动作捕捉数据录制、人体接触点编辑、自动数据优化与噪声消除后处理、人体骨骼模型长度编辑,并可以选择多种动捕模式,满足不同场景的使用需求,如图 7.37 所示。

》图 7.36　诺亦腾（Noitom）全身无线动作捕捉系统

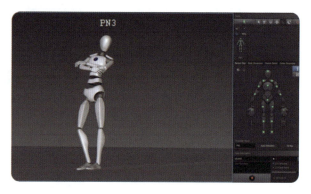

》图 7.37　与 PN 3 Pro 配套的 Axis Studio 软件

第七节　外设部件

一、基站（定位器）支架

传统的基站（定位器）安装需要在墙上打孔固定，既麻烦又不实用。而采用移动支架，可以不局限于场所，在家、办公室都可以活动摆放，此外，搭配云台后，定位器的角度还可以任意调节，便捷实用，如图 7.38 所示。

| 角度任意调节 | 2 支金属支架 | 2 只金属万向云台 |

>> 图 7.38　基站（定位器）支架

二、VR 万向跑步机

VR 万向跑步机专业名称为 VR 万向行动平台，作为一种 VR 输入设备，它可以打破现实和虚拟的隔阂，只需要 $2m^2$ 的现实空间，就能为使用者提供无限范围的虚拟世界。

该设备在保障使用者安全的前提下，能将行走、奔跑、跳跃、坐与下蹲等动作映射到虚拟场景中，让使用者感受真正身临其境的虚拟现实体验，应泛应用于游戏、训练和模拟等领域，如图 7.39 所示。

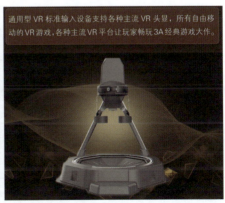

>> 图 7.39　VR 万向跑步机

Chapter 8

第八章

元宇宙的呈现之虚拟世界：VR系统

VR系统包括VR头显、追踪定位系统、VR资源几大部分，即VR系统＝显示模块＋定位模块＋VR资源模块。

第一节 VR 设备

一、VR 眼镜及典型代表

VR 眼镜主要有三种类型：VR 手机盒子类、VR 一体机和 PC VR（图 8.1）。我们可以将 VR 的主要功能分为四大实现模块，分别是实现计算和渲染的处理器、实现视频输出的显示器、实现位置传感交互的陀螺仪以及实现沉浸式视觉体验的透镜。

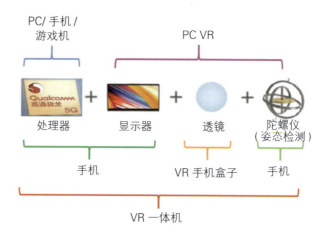

>> 图 8.1 VR 眼镜主要的三种类型

三种主要类型的 VR 眼镜见表 8.1。

表 8.1 主要类型的 VR 眼镜一览表

分类	特点	主要用途	代表产品
VR 手机盒子	入门级 VR 设备需搭配手机作为屏幕和计算单元，播放性能依赖于手机硬件配置，价格低廉	看电影 （2D、3D、全景）	谷歌纸盒 三星 Gear VR HUAWEI VR

续表

分类	特点	主要用途	代表产品
VR 一体机	不需要外接任何设备，自带处理器、内存、屏幕、传感器、音频输出等	看电影（2D、3D、全景）玩简单 VR 游戏	Oculus Quest Pico Neo 3 爱奇艺奇遇
PC VR	需外接电脑使用，性能取决于电脑的配置，能够提供更高的画质和更强的沉浸感	玩大型 VR 游戏	HTC Vive Oculus Rift S 索尼 PS VR

二、沉浸感

VR 的沉浸感主要取决于光学成像（屏包光和光包屏）、视场角、透镜直径这些参数。

1. 光学成像（屏包光和光包屏）

VR 设备有两种光学成像系统：屏包光（屏幕覆盖光学）和光包屏（光学覆盖屏幕），原理如图 8.2。

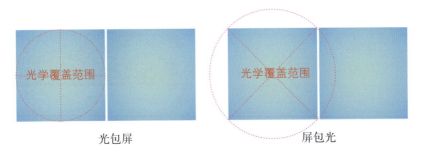

>> 图 8.2　光学成像系统：光学覆盖屏幕和屏幕覆盖光学

有的 VR 设备为了呈现巨幕的视觉效果，搭建的是屏幕的显示区域完全覆盖透镜光学视野的成像系统。这种技术使得 VR 产生了令人惊叹的沉浸感，但光学之外却浪费了不少"边角料"，也就是"无效分辨率"，实际上人眼看到的有效分辨率比参数表里写出来的屏幕分辨率少了很多。

相对"屏包光"而言,"光包屏"这种透镜的光学视野完全覆盖屏幕显示区域的成像系统,技术实现较为复杂且成本较高。对屏幕的分辨率、尺寸、光学透镜材质、模组搭建方法、光路设计等都有较高的要求,但能减少"无效分辨率",提升视觉体验。

2. 视场角

视场角(Field of View,FOV)指显示设备所形成的图像中,人眼可观察到的边缘与人眼瞳孔中心线的夹角,包括水平视场角、垂直视场角。在头部保持静止且不翻白眼的情况下,往上看到的极限到往下看到的极限就是垂直视场角,而往左看到的极限到往右看到的极限范围就是水平视场角,而 VR 眼镜的视场角通常指水平视场角。

因为在 VR 眼镜中,所有的图像都是从屏幕发出,通过一片透镜后呈现在用户眼中,故 FOV 指的是 VR 眼镜中透镜的视场角,即透镜所能覆盖的范围,超过透镜视场角的图像将无法被用户看到,如图 8.3 所示。

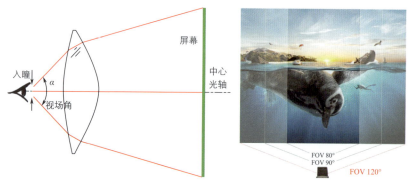

>> 图 8.3　可视视角

3. 透镜直径

一般而言,镜片的中心区域成像质量最好,越靠近边缘成像的质量越差。因此,镜片能提供高质量成像区域的大小也是决定 VR 眼镜成像效果的重要因素之一。由于在使用 VR 眼镜时人眼会不断转动,当我们看到镜片边缘时,镜片需要提供足够大的清晰范围,以保证良好的视觉体验。

目前市场上的很多 VR 产品选用直径 35~40mm 的镜片，难以完全覆盖人眼转动时的视野范围，容易导致用户看到镜片边框，产生"管中窥豹"的感觉，影响视觉体验。

为解决这一问题，可以选用直径超过 50mm 的超大镜片，以减少边框干扰并提升视觉体验。

三、佩戴舒适度

VR 设备佩戴舒适度的主要指标包括机身重量、瞳距调节以及音频设计。

除了注重成像效果，佩戴舒适度也是必须考量的因素，因为它直接决定用户能否长时间、多次复用 VR 设备。而机身重量、瞳距、音频都会对佩戴舒适度造成影响。在选用 VR 设备时，还需要结合这些因素进行考量。

1. 机身重量

较轻的机身可以减轻长时间佩戴以后颈部的酸痛感，所以机身重量通常越轻越好。同时设备的重量分布方式也很关键，目前市面上大部分产品的重量集中在眼镜区域，一些产品采用电池后置的设计，可以更好地平衡重量。此外，面罩的材质和透气性也会影响佩戴体验，这对于长时间佩戴 VR 设备打游戏、看电影的用户而言尤为重要，如图 8.4 所示。

>> 图 8.4　VR 设备佩戴舒适度

2. 瞳距调节

由于每个人两只眼睛瞳孔中心之间的距离（即瞳距）不同，因此 VR

头盔中的镜片位置必须是可调的，以便根据用户的瞳距提供正确的立体3D效果，如图8.5所示。

>> 图 8.5　瞳距调节

3. 瞳距调节原理

正常情况下人的双眼注视同一物体时，物体分别在两眼视网膜上成像，并在大脑视中枢重叠，形成一个具有立体感的单一物体，这一功能称为双眼单视。

VR眼镜通过两个透镜模拟人眼的立体视觉，但当人眼瞳孔中心、透镜中心、屏幕中心不在一条直线上时（如图8.6），会使视觉效果变差，如图像不清晰、变形等问题。因此，瞳距调节是确保用户获得最佳视觉体验的关键。

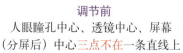

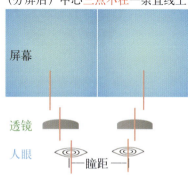
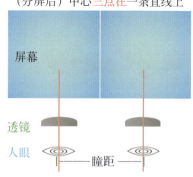

>> 图 8.6　瞳距调节原理

对于佩戴近视眼镜的用户，可以通过调节 VR 设备的焦距以调整屈光度，同时，瞳距调节可以确保戴眼镜的用户获得清晰的立体视觉效果，如图 8.7 所示。

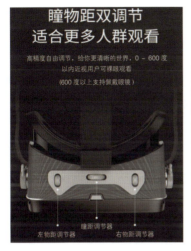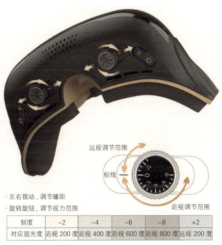

>> 图 8.7 调节瞳距近视用户裸眼观看

目前大多数虚拟现实设备都可以调整瞳距，主要分为物理调整和软件调整两种方式。

4. 音频

许多 VR 头盔内置耳机支持 3D 音频，通过 HRTF（头部相关传输函数），模拟来自不同方向的声音，使用户能够听到仿佛来自后面、上面、甚至下面的声音，从而增强沉浸感如图 8.8 所示。

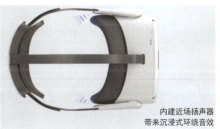

>> 图 8.8 VR 设备 3D 音频

隐藏的麦克风为开发者提供了更多的选择。例如在隐形游戏中检测用户发出的噪声量，或者作为在 VR 中语音交流的工具，以增强游戏的互动性。

5. Hi-Fi/Hi-Res/Hi-End

Hi-Fi 是 High-Fidelity（高保真）的缩写，指音频设备尽可能高度还原声音信号。

Hi-Res 全称为 High Resolution Audio，中文名称为高解析音频，由索尼提出并定义。CD 的音质采样标准是 44.1kHz/16bit，44.1kHz/16bit 意味着 1s 内对模拟信号进行等间隔 44100 次采样，每次采样保存 16bit 的数据。Hi-Res 明确规定可以提供采样率大于 44.1kHz，比特深度大于 16bit 的音质，甚至可以提供采样率达到 192kHz 和比特深度达到 24bit 的音质。采样率越高，比特深度越大，就意味着对信号的描述、还原更加精准。所以 Hi-Res 音质的表现优于 CD 音质。

Hi-End 即超高档的 Hi-Fi 音响产品，追求极致音质。这种产品基本都是面向高端用户市场。

四、VR 设备连接

VR 设备连接有硬件连接和串流等形式。

1. VR 设备硬件连接

以 HTC Vive 套件为例，展示 VR 设备硬件连接。

先安装定位器，即基站。基站通过激光来定位头显与控制器，单个基站的可视范围为 120°，所以需要将两个基站搭设在空间对角线两边的高处以便于基站能够扫描到游戏空间范围并且相互间没有阻隔。

再连接串流盒，把附带的 USB 数据线、HDMI 连接线以及电源线插在串流盒上相对应的接口处，另一端连接电脑主机上对应的接口即可。

HTC 的手柄采用无线配置，装好系统后，按下手柄的电源按键，听到提示声并且感觉到震动后，就成功开启手柄了，上方指示灯常亮表示手柄正在运行，如图 8.9 所示。

 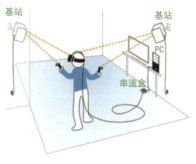

>> 图 8.9　VR 设备硬件连接演示

2. 串流

所谓串流，就是将 PC 端、PS 端、无人机等设备的游戏画面传输到 VR 头显中。串流为玩家提供了更丰富的游戏内容，使可玩的 VR 游戏数量从几百款增加到上千款。串流有无线和有线两种方案，如图 8.10 所示。

>> 图 8.10　串流

PC VR 或 VR 一体机采用有线串流。VR 头显通过光纤数据线连接到串流盒上，再转接到 PC、PS 设备玩游戏、看电影等。有线串流如图 8.11 所示。

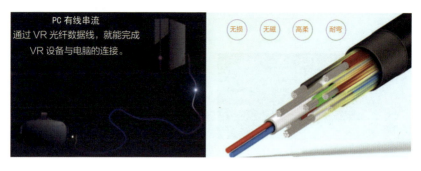

>> 图 8.11　有线串流方案示例

部 VR 一体机采用无线串流（部分也支持有线串流）。无线串流如图 8.12 所示。

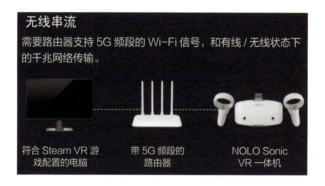

>> 图 8.12　无线串流方案示例

串流策略：小型低渲染压力的游戏在 VR 一体机直接运行（如 OC 平台 /VIVEPORT 平台）；延迟要求不高的 VR 游戏用无线串流；需要高强度渲染、延迟要求极低的 3A 大作 VR 游戏，使用有线 Link 连接。

小知识：3A 大作游戏，是指高成本、高体量、高质量的游戏，是评价游戏制作规模和质量的标准之一。

第二节　VR 关键技术：追踪系统

一、追踪系统

1. 追踪系统概述

追踪系统是 VR 设备最重要、最核心的技术之一。追踪系统是通过捕捉用户运动来创造一种沉浸式的体验，例如用户佩戴 HMD 设备扭头、转身时，VR 屏幕中虚拟人物的画面会接收追踪系统发送的信号，同步做出扭头、转身的动作，如图 8.13 所示。同样，当用户在游戏中用手抓取一个物体时，追踪系统会控制 VR 画面中虚拟的手做出相同的动作，如图 8.14 所示。

>> 图 8.13　追踪系统扭头、转身示例

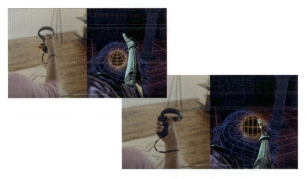

>> 图 8.14　追踪系统手取物示例

在 VR 场景中，以头部运动为例，要实现用户的头部转向不同角度时，VR 头显的屏幕切换至不同的画面，就需要模拟出头部运动后虚拟物体在场景中的位置变化，即要实时获取头部相对于虚拟世界的位置信息。

头部位置信息有六个参数：三个表示旋转（俯仰、偏航、滚动），三个表示位置（X、Y、Z 轴坐标），称为六自由度，用于精确描述头部在三维空间中的运动。除了头部追踪，VR 应用还需要追踪手部和控制器的位置。如图 8.15 所示。

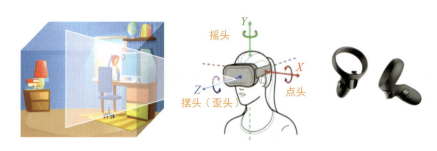

>> 图 8.15　人体运动 VR 定位演示

2. 追踪系统的精度

VR 的追踪系统需要同时追踪三项设备，即 VR 头显和两个手柄，而且还需要保证实时的准确性。即一个合格的 VR 追踪系统要能够追踪用户的完整运动范围（即 6DoF），同时可以精确地定位头显和两个运动控制器的位置和方向。

DoF 是 Degree of Freedom 的简称，是指在一个方向运动的自由度，如图 8.16。

VR 设备一般分为三自由度（3DoF）和六自由度（6DoF），那么这两者有什么区别呢？

3DoF 的 VR 设备仅能检测到头部不同方向的转动变化，检测不到身体部分的转动变化，无法捕捉用户玩游戏时的转身、下蹲、前进、后退等动作，所以这类设备一般用于观看 VR 电影。

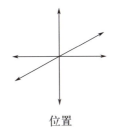

角度　　　　　　　　　位置

>> 图 8.16　DoF

6DoF 的 VR 设备不但能检测到头部转动带来的视野角度变化，还能捕捉到身体转动的变化，使用户能够与游戏中的场景进行沉浸交互，如转身、跨越障碍、躲避子弹以及模拟登山、滑雪等，因此要想获得更丰富的游戏体验，6DoF 的设备不可或缺。图 8.17 可以更为形象地理解。

3DoF VR 设备　　　　　　6DoF VR 设备
3DoF 只能检测物体向不同方向自由转动，不能检测位移。　　6DoF 基本可以检测物体任何可能性运动。

>> 图 8.17　3DoF 和 6DoF 的区别

追踪精度越高，VR 所带来的沉浸感就越好。一旦用户在现实生活中的位置和动作与虚拟环境中的位置和动作之间存在滞后，都可能会极大地影响用户的体验。

3. 追踪系统的定位方式

追踪系统的精度与所采用的定位方式密切相关，目前，主要的定位方式分为两种：一种是"由外向内"定位（outside-in，依靠外设基站），另一种是"由内向外"定位（inside-out，依靠摄像头）。需要明确的是：无论是 outside-in 还是 inside-out 都是对多种技术的统称，而非单一的具体技术，如图 8.18 所示。

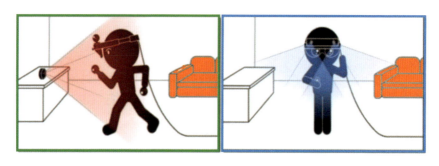

>> 图 8.18　outside-in 和 inside-out

二、"由外向内"（outside-in）定位及典型案例

1. "由外向内"定位（outside-in）

outside-in，顾名思义，就是依靠外部的摄像头和发射器来捕捉和追踪用户的动作。打个比喻，外部的这些追踪仪器如同虎视眈眈的"猎人"，而戴着 VR 头盔拿着手柄的用户就像"兔子"，时刻处于"猎人"的监控之下。

"由外向内"定位通过外设基站实现，常采用光学（如激光、红外线、可见光）追踪方式，基站向头戴设备发送信号进行定位，定位精度取决于发射频率。优点是精度高，定位效果好，缺点是需额外配置基站。那么，有了九轴传感器，为何还要空间定位基站？

因为单纯依靠九轴传感器，设备无法知道用户在现实世界的真实位置，比如无法判断用户是躺着还是坐着或是趴着，而且九轴传感器还会产生误差，随着误差的积累，会使得整个姿态发生扭曲，无法获取正确的方向。

所以最好的方式就是用九轴传感器+空间定位基站，例如 Oculus Rift 就采用了九轴定位系统+主动式红外光学，在红外光学定位发生遮挡或者模糊时，利用九轴传感器来计算设备的空间位置信息，在红外光学正常工作时，校准九轴传感器的信息，保证系统实时知晓用户的真实姿态。

目前，包括 Oculus Rift、HTC Vive 和 PS VR 在内的高端 VR 头显大多采用这种定位追踪技术，因其效果较好且实现相对简单。

2.Oculus Rift 的定位追踪系统："星群"定位系统

Oculus Rift 不像 HTC Vive 那样拥有两个放在高处随时"看"着你的定位基站，Oculus Rift 采用的是被称为"星群"（constellation）的定位系统。为何取名为"星群"？因为在 Rift 头盔和 Touch 手柄上，散布着一系列向外发射精确定位射线的红外灯，其分布就宛若星群一般，如图 8.19 所示。

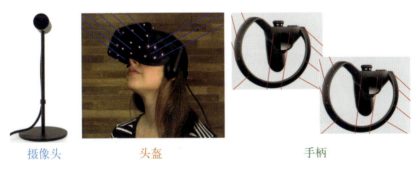

摄像头　　　　头盔　　　　　　手柄

>> 图 8.19　Rift 设备上散布着大量的红外灯被外部摄像头捕捉

工作原理：Oculus Rift 设备上隐藏着一些红外灯（即标记点），这些红外灯可以向外发射红外光，并用外部独立的单目红外摄像机实时拍摄。获得红外图像后，传输到计算单元中，通过视觉算法过滤掉无用的信息，从而获得红外灯的所在方向，再利用 PnP 算法，即利用四个不共面的红外灯在设备上的位置信息、四个点获得的图像信息即可最终将设备纳入摄像头坐标系，拟合出设备的三维模型，并以此来实时监控玩家的头部、手部运动，属于 outside-in 技术的一种，如图 8.20 所示。

>> 图 8.20　Oculus Rift

3.HTC Vive 的定位追踪系统：灯塔（Lighthouse）

HTC Vive 所使用的定位技术被称为"灯塔"（Lighthouse），属于 outside-in 技术的一种，由 Valve 公司研发。Valve 公司将此技术称为 SteamVR 追踪技术，其最有特色的功能是房间追踪系统（Room-Scale）。为推动 VR 硬件发展，Valve 公司免费授权 SteamVR 追踪技术给第三方开发者。进入 Valve 官网，你就能看见这条极具诱惑力的标语："使用世界最佳虚拟现实技术，版权免费"，如图 8.21 所示。

>> 图 8.21　SteamVR™ 定位

SteamVR 定位的运作流程见图 8.22。

SteamVR 定位器使用多重同步脉冲与激光线扫描房间，覆盖大约 5 m 的范围。SteamVR 定位器通过仔细记录脉冲与扫描之间的计时，使用简单的三角学找到每个感应器精确到毫米以内的位置。借助多个感应器、2 个定位器以及高速 IMU，SteamVR 以 1000Hz 的刷新率计算被定位物品的方向、速度、角速度。

》图 8.22　SteamVR 运作流程

SteamVR 定位成功的解决方案是用于 HTC Vive，如图 8.23。

》图 8.23　SteamVR 成功的解决方案

灯塔方案的原理为：两个被称为"灯塔"（Lighthouse）的红外发射器基站被放置在游戏空间对角的墙壁上，发射器里面的 LED 灯发射激光"扫射"整个房间，覆盖 2 个基站之间的空间，如图 8.24 所示。

2 个基站发射出激光后，还需要接收器，"灯塔"方案中的接收器是头显和 2 个手柄，HTC Vive 头显和手柄上有超过 70 个光敏传感器用以探测基站发射出的激光束。

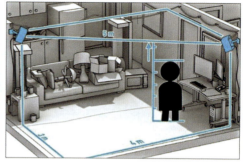

>> 图 8.24 Vive 基站(红外激光定位灯塔)

Lighthouse 最巧妙的设计在于:根据激光到达的时间,计算出头盔和手柄相对基站的位置,来建立三维位置的坐标信息。更神奇的是,如果同时有多个光敏传感器探测到一束激光,就会形成一个"姿势",不仅能标注头盔和手柄的位置,而且可以模拟它运动方向的 3D 图像。最重要的是,实现这套探测系统的成本较低,如图 8.25 所示。

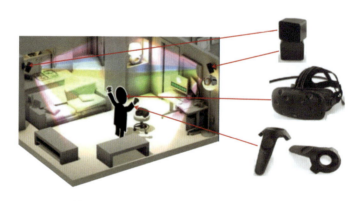

>> 图 8.25 VR 头显和控制器与基站进行定位

虽与 Oculus Rift 的群星技术同属 outside-in 技术的一种,但与采用单个外部摄像头的 Oculus Rift 相比,HTC Vive 的"灯塔"技术具有用户位置和姿态空间定位能力,即不怕遮挡,即使手柄放在后背或者胯下也依然能被捕捉到。

HTC 的灯塔定位技术属于激光扫描定位技术，激光定位的优势在于，价格相对较低，且几乎没有延迟、不怕遮挡、准确度高。

根据 HTC Vive 的基站设置指南，建议两个基站的最远距离保持在 5m，所以用户可在 3m×4m 的范围内自由活动。

4.PS VR 的定位追踪系统：可见光定位

PlayStation VR 的定位追踪系统是在不同的被追踪物体上安装能发出不同颜色的发光灯，摄像头捕捉到这些颜色光球从而区分不同的被追踪物体以及位置信息。

PS VR4 的头显和手柄均装配有 LED 灯球。这些 LED 光球可以自行发光，且不同光球所发的光颜色不同，这样在摄像头采集图像时，光球与背景环境、各个光球之间都可以实现很好地区分，如图 8.26 所示。

>> 图 8.26　PS VR4 能发光的头盔和手柄

PS VR4 运用双目体感摄像头来探测头盔和手柄发出的光线，即利用两个摄像头拍摄到的图片计算 LED 光球的空间三维坐标。从理论上说，对于三维空间中的一个点，只要这个点能同时为两部摄像机所见，则根据同一时刻两部摄像机所拍摄的图像和对应参数，就可以确定这一时刻该点在三维空间里的位置信息。

确定好三维坐标，即 X、Y、Z 3 个自由度，PS VR4 再采用九轴传感器来计算另外 3 个自由度，即旋转自由度，从而得到 6 个空间自由度，就可以确定手柄的空间位置和姿态，如图 8.27 所示。

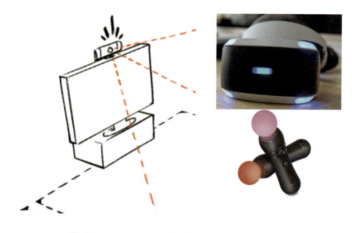

>> 图 8.27　PS VR4 体感摄像头 + 体感控制器

三、"由内向外"（inside-out）定位及典型案例

1. "由内向外"定位（inside-out）

outside-in 需要通过一套外部传感器来实现，这显然不适合移动方案。而 VR 要真正移动起来，就需要摆脱外部空间定位基站的束缚。inside-out 定位追踪技术就是利用设备自身集成的传感器进行追踪，而不依靠外部的传感器等配件，检测 VR 设备相对于外部环境位置的变化，实现 VR 的空间定位。

2. "由内向外"追踪如何实现

inside-out 的原理：将本来被用于追踪定位的、置于外部的摄像头和传感器直接"植入"到头显中，同样通过光学追踪方式，以用户自身为基点，开始扫描周围的环境，通过视觉算法（SLAM 算法）计算出用户在

VR 空间中的相对位置和运动轨迹。当头显移动时，传感器会重新调整房间中位置的坐标，这样使用户感觉仿佛在虚拟环境中实时移动。

inside-out 技术的好处在于给予了用户充分的移动性和便捷性。搭配了 inside-out 技术的头盔不再需要在外部放置摄像头、定位器等追踪器，省去了额外的安装环节，在不同的场地使用也不用重复搭建追踪系统。帮助 VR 设备摆脱连接线的束缚，使得任何人随时随地戴上头显后都能立刻进入沉浸的 VR 世界。

inside-out 方案中使用到的最重要的技术之一就是同步定位与地图构建（Simultaneous Localization and Mapping，SLAM）。这一技术可以依靠自身摄像头在未知环境中获得感知信息，递增地创建周围环境的地图，同时利用创建的地图实现自主定位。换句话说，SLAM 一边进行场景的建模，一边确定摄像头自身位置的定位。其用途就是精确估计 VR 设备在场景中的位置和相对运动轨迹。实际上，SLAM 在诸多领域都已经得到了实际的应用，如自动驾驶、无人机等，最常见的例子就是扫地机器人。

VR 环境和其他一些应用环境相比，对 SLAM 的性能要求有些不同。在 VR 环境下对用户影响比较大的几个指标如下。

① 延时：人体发生运动后，系统一般需要在 20ms 之内将运动反馈到渲染部分。

② 精度：具备较高的相对位置精度，能识别很小的运动。

③ 稳定性：如果人体不发生移动，识别出来的结果不应左右抖动。

看似很美好的 inside-out 面临的技术门槛高出 outside-in 很多。首先这种技术对于计算机视觉算法精确度的要求更高；其次还需要在头盔上集成更多的处理器、配备性能更高的芯片等，对于头盔的设计、散热等都是不小的考验。在 inside-out 方案中，由于传感器处于一个未知的空间，因此需要根据特定的角度和外部特征点的观测结果来实时建模。这种情况下，角度偏差 1°，物体的位置就会相差几厘米。微软在 HoloLens 上的 SLAM 技术采取了近处物体不显示的方法，以此减小误差。

目前业界最成熟的 inside-out 方案当属 Oculus 的 Quest、Rift S 和微软

在 HoloLens 上使用的追踪技术，无论是在降低眩晕、散热方面，还是在精确度方面，都十分优秀。

3.Oculus Quest 和 Rift S 的定位：Oculus Insight

Oculus Rift 依赖外部摄像头来实现对手柄和头显的追踪，其追踪定位的效果比较好，但如果用户想从一个房间移动到另一个房间，就需要重新摆放外部摄像头，使用起来很不方便。而采用 inside-out 追踪后，VR 头显的体验感就像耳机一样便捷。

Oculus 的 inside-out 方案称为 Oculus Insight。头显中集成的多个摄像头利用计算机视觉和算法来生成用户周遭环境的实时 3D 映射，这样头显就能够计算用户所在的位置并将其传至虚拟现实世界，使得 Oculus Quest 和 Rift S 头显运用 inside-out 成为现实。

（1）头显定位

以 Oculus Quest 为例，Quest 头显中集成数个摄像头感应器和 IMU，通过计算机视觉算法实时捕捉环境信息，从而映射和判断物理空间。例如，通过定位和追踪沙发的角落或桌子的边缘，Oculus Insight 可以实时计算用户在房间内的确切位置（类似于人眼检测对象的方式），如图 8.28 所示。

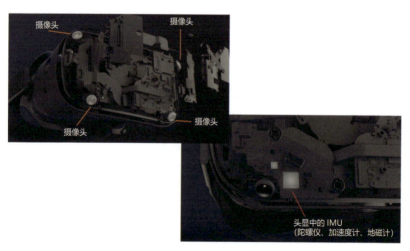

>> 图 8.28 Oculus Quest 头显中的摄像头和 IMU

Oculus Insight 追踪方案以 SLAM 技术为基础,其原理是通过融合计算机视觉与多个传感器捕捉到的数据,从而实现在不断更新的数字地图中对用户和物品进行定位,如图 8.29 所示。

>> 图 8.29　SLAM 技术演示

(2)手柄定位

Oculus Quest 的手柄控制器中集成有 LED 灯阵列和 IMU,头显上的多个摄像头捕捉手柄 LED 灯发射的信号,由星群定位追踪系统在 3D 空间内完成精确追踪,使用户能在虚拟现实中看到手柄对应的位置和动作,仿佛自己的手出现在虚拟空间里,如图 8.30 和图 8.31 所示。

>> 图 8.30 Oculus Quest 手柄中的星群 LED 和 IMU

>> 图 8.31 捕捉 Oculus Quest 手柄的运动

总之，无论是 outside-in 还是 inside-out，都有着自己的局限和优势。两者比较见表 8.2。

表 8.2 "由外向内"定位与"由内向外"定位

方式	实现	技术
由外向内	Oculus Rift 群星系统：单个外置红外摄像机＋头显和手柄中的数十个 LED 主动光源＋头显和手柄 IMU HTC Vive 灯塔系统：2 个外置激光发射基站＋手柄中的光敏传感器阵列＋头显和手柄 IMU Sony PS VR：1 个外置双目光学摄像头＋头显和手柄中的多个 LED 主动光源＋头显和手柄 IMU	Oculus Rift 以及索尼 PlayStation VR 都属于光学定位技术 HTC Vive 属于激光定位技术

续表

方式	实现	技术
由内向外	Oculus Insight 系统：Oculus Quest 和 Oculus Rift S 头显中的数个摄像机＋手柄中数十个 LED 主动光源＋头显和手柄 IMU+SLAM 微软 MR 系列：SLAM	Oculus Insight 系统头显通过 SLAM 定位，手柄通过群星定位

第三节　VR 资源

资源丰富度主要体现在影视资源的多样性及是否适配常见 VR 游戏平台（Steam VR、VRonline 等）。获取 VR 设备内容资源最直接、最直观的方法是 VR 设备内置的 App 应用。

资源丰富度的指标包括影视资源和游戏资源。

一、影视资源

在影视内容方面，爱奇艺依托于庞大的影视资源库，推出了专门的 VR 版爱奇艺 App，为用户提供海量视频观看体验。其主打的奇遇一体机系列是"内容＋硬件"的优势组合。

二、游戏资源

在游戏内容方面，Oculus、HTC、Pico、索尼都有自己的资源平台，分别是 Oculus 的 Oculus 商店，HTC 的 VIVEPORT 平台，Pico 的 Pico Store，索尼的 PlayStation VR Store。

VR 的内容资源还有一个重要获取途径就是通过无线或有线串流连接 PC 登录 VR 资源平台，最具代表性的就是 SteamVR 平台上的游戏和应用。不过，大部分外部的优质资源基本都需要付费。如图 8.32 所示。

>> 图 8.32　代表性游戏内容平台一览

三、游戏资源介绍：Steam 蒸汽平台

Steam 平台是由总部位于华盛顿州的 Valve 公司聘请 BitTorrent（BT 下载）开发者布拉姆·科恩亲自开发设计的游戏和软件平台。Steam 平台是目前世界上最大的综合性数字发行平台。SteamVR 不仅提供高质量的丰富游戏资源，还涵盖教育、学习等内容。

玩家可以在该平台购买、下载、讨论、上传和分享游戏和软件。2019 年 8 月 21 日，由完美世界代理的中国版 Steam 数字内容分发平台正式命名为"蒸汽平台"。

Steam 英文为蒸汽。在 Steam 平台上下载游戏的速度是非常快的，就像蒸汽一样喷薄而出，传闻因此而取名 Steam。Steam 作为一个整合游戏下载平台，其运作十分成功广泛，无数游戏发行公司的游戏在此平台上发行、更新。想要使用 Steam，先要安装 Steam 平台客户端，注册后即可享有 Steam 平台的使用权（免费），而 Steam 平台上的付费游戏，必须于代理零售商处购买产品并在 Steam 上激活，或是通过 Steam 平台在线购买，取得游戏序号后（一般购买后就会直接获得），即可拥有下载安装以及使用权（游戏激活后与账号永久绑定，任意一台电脑登录拥有使用权的账号皆可下载）。

Steam 平台代表性 VR 游戏资源展示，如图 8.33 所示。

【半衰期:爱莉克斯】

【节奏空间】

>> 图 8.33 SteamVR 2019 和 2020 年度最佳 VR 游戏

Steam 平台代表性 VR 教育 / 学习资源展示，如图 8.34 所示。

【艺术博物馆】

【身体:细胞之旅】

>> 图 8.34 Steam 代表性 VR 教育 / 学习资源展示

四、内容制作

内容制作包括"采、编、播"环节。

1. 内容采集环节

编导与摄影师通过 360°拍摄、观众视觉兴趣点引导、多相机同步控制等多种手段实现 360°、720°的全景视频采集。

2. 内容编辑环节

利用虚拟 / 增强现实引擎进行内容编辑，具体是通过硬件和软件对 3D 数据、材质纹理数据、音视频数据、文本数据、动画（作）数据进行算法驱动，其目标和核心在于画质更高、运行更流畅、操作更简单、兼容性更强。渲染、光照、材质就是赋予 3D 模型外观，让模型从视觉角度感觉更加逼真。

Unity3D 是由美国 Unity Technologies 开发的一个让玩家轻松创建诸如三维视频游戏、建筑可视化、实时三维动画等类型互动内容的多平台的综合型游戏开发工具，是一个全面整合的专业游戏引擎。

Unreal 是 Unreal Engine（虚幻引擎）的简写，由美国 Epic 公司开发，是目前授权最广的游戏引擎之一，占有全球商用游戏引擎 80% 的市场份额。

寒霜引擎（Frostbite Engine），是瑞典 DICE 游戏工作室为著名电子游戏产品《战地》（Battlefield）系列设计的一款 3D 游戏引擎。

3. 内容播放环节

VR 设备一般都自带 VR 播放器，下面介绍几款有代表性的 VR 播放器。

Moon VR Video Player：能播放所有 VR 类型的文件；操作简捷，功能强大，能够自由地调节收看角度；支持 HTC Vive、Oculus Rift、微软 MR、Acer MR、Pico、大鹏等其他 Steam VR 头盔，如图 8.35 所示。

》 图 8.35　Moon VR Video Player

SKYBOX VR Player：几乎能播放所有格式的视频（180°VR、360°VR、2D 或 3D、MP4、AVI、MOV、VR 等等），可以用于 Oculus Rift、Vive、Microsoft MR 等设备，支持外挂字幕，如图 8.36 所示。

>> 图 8.36　SKYBOX VR Player

Virtual Desktop：目前市面上的 VR 播放器很多不支持播放 4K 及以上的 VR 视频，而虚拟桌面却可以顺利播放，Virtual Desktop 是一款虚拟桌面软件，能够将用户的电脑变成 VR 设备，用户可以在软件中愉快地听音乐、看电影、玩游戏等，如图 8.37 所示。

>> 图 8.37　Virtual Desktop

无论是 VR 设备内置播放器，还是第三方播放器，画质主要取决于片源的质量。

Chapter 9

第九章

元宇宙的呈现之虚实相生：AR系统

AR系统的关键在于使用户能够看到覆盖在真实世界视图之上的计算机生成的图像。有两个关键要素可以让这些图像被看到——作为光源的微型投影装置和将图像从投影装置传输到用户眼睛的技术手段。

第一节　AR 眼镜

一、AR 眼镜的硬件组成

图 9.1 和图 9.2 展示了一台功能完备的双目 AR 眼镜中用到的各种部件，可以从整体上对 AR 眼镜有一个整体的认识。

>> 图 9.1　AR 眼镜构造图示一

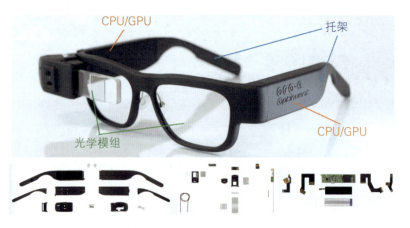

>> 图 9.2　AR 眼镜构造图示二

从整体上看，AR 眼镜主要分为四大模块：摄像头、CPU/GPU、光学模组、托架。

1. 摄像头

AR 眼镜上一般会配备多个摄像头，并且每个摄像头之间的分工是不一样的，主要功能有三方面：一是用于提供基于视觉的跟踪定位（SLAM）所需的图像采集；二是进行交互手势识别；三是日常的拍照和录像。

2. CPU/GPU

作为 AR 眼镜的大脑，其涉及的技术主要有以下几个方面。

芯片：目前 AR 眼镜的主流芯片多采用高通的方案。

AI：从 AR 的输入、虚实融合到输出，整个流程都需要 AI 的支持。

云计算和大数据：由于 AR 结合的是现实世界，其计算量和数据量会呈现指数级上升，因此离不开云计算和大数据的支持。

计算机视觉：与 PC 和手机相比，AR 的本质是信息呈现方式的升级，由二维升级到三维。无论是 AR 的输入还是输出，都离不开计算机视觉。

核心的交互技术：包括手势交互、语音交互、眼球追踪等。目前来看，裸手交互有望成为 AR 的核心交互方式之一。典型公司：leap motion、科大讯飞等。

操作系统：AR 若要成为下一代计算平台，必须拥有专属的操作系统，就像 Windows 于 PC，iOS/ 安卓于手机一样。操作系统的好处就在于能为产业上下游提供行业标准，利于行业发展。典型公司：微软、谷歌。

3. 光学模组

光学模组是 AR 眼镜中的核心组件，其成本占整个 AR 眼镜的 50% 甚至更高。目前，市面上主流的 AR 眼镜光学模组方案包括棱镜、Birdbath、自由曲面、光波导等。各类方案各有优缺，但如何将光学组件做得更薄、更轻、成本低、可量产是所有厂商努力的方向。

此外，AR 设备通常还会搭载多种连接模块，最常见的是 Wi-Fi，部分设备还集成 5G 模块，或者通过蓝牙或有线连接方式与智能手机连接。

由上可见，AR 眼镜部件数量众多，导致一台完全独立运行、功能完备的 AR 设备价格居高不下。

二、AR 眼镜的开发平台

1. ARKit

苹果在 2017 年推出了 AR 开发平台 ARKit。开发人员可以使用这套工具在 iPhone 和 iPad 上创建 AR 应用程序，ARKit 支持两部设备共享相同的虚拟物品，如在 AR 游戏中，玩家和朋友通过各自的设备共同操控同一个虚拟角色，让 AR 体验更有趣。

2. ARCore

ARCore 是谷歌推出的和 ARKit 对标的搭建增强现实应用程序的软件平台。自发布以来，Google 持续优化运动跟踪、增强脸部和环境光感知等功能，极大地方便了广大开发者使用。

ARCore 通过三个主要功能实现虚拟内容与通过手机摄像头看到的现实世界整合。

① 运动跟踪：让手机可以理解和跟踪它相对于现实世界的位置变化。

② 环境理解：让手机可以检测各类表面（例如地面、咖啡桌或墙壁等水平、垂直和倾斜表面）的大小和位置。

③ 光估测：让手机可以估测环境当前的光照条件。

三、AR 眼镜的分类

1. 按显示单元与计算单元是否独立分类

按照显示单元与计算单元是否独立，目前市面上流行的光学透视型 AR 眼镜分为以下 2 种类型。

① 一体式 AR 眼镜。这类眼镜的计算单元、电源、显示单元都集成在一起，无须借助其他设备就能使用，提供更好的体验，并解放人们的双手。相较于手机 AR 的入门级体验，一体式 AR 眼镜的体验大幅提升，目

显示器按屏幕大小可以分为大尺寸、中小尺寸和微型显示器；按基板材料可以分为玻璃基板、硅基板、柔性基板等。微型显示器指对角线尺寸小于 1in（2.54cm）的显示单元。具有小体积和高分辨率，主要应用于便携式近眼显示系统和投影显示系统。

在应用方向，中小尺寸、大尺寸的显示器通常选用玻璃基板或柔性基板，而微型尺寸的显示器一般使用硅基板。目前，AR 产品中常见的微型显示器包括硅基液晶（LCOS）和硅基 OLED（OLEDOS），基于微机电系统（MEMS）技术的数字微镜阵列（DMD，即 DLP 的核心）和激光束扫描仪（LBS）等。主流微显示器如表 9.1 所示。

表 9.1 主流微显示器技术比较

技术	原理	优势	劣势	主要厂商
LCOS	放射式液晶显示	模组体积小、成本低、分辨率高、色域广、光利用率高	响应速度慢、功耗高、对比度低	豪威科技奇景光电
LCD	穿透式液晶显示	技术成熟、成本低、色域广、寿命长	功耗高、对比度低、光利用率低	三星、LG、京东方、华星光电
DLP	数字微镜阵列	亮度高、光效率高	设计复杂、体积大、成本高	德州仪器
硅基 OLED	自发光	响应速度快、功耗低、体积小、柔韧性好	工作温度高、亮度低、成本高	索尼、合肥视涯、北方奥德雷
Micro LED	自发光	响应速度快、功耗低、体积小、亮度高、寿命长、工作温度低	灵活性不足、成本高、量产难	三星、三安光电

二、LCOS

LCOS（Liquid Crystal on Silicon），即液晶附硅，也称硅基液晶，是一种在单晶硅片上覆盖液晶层的反射式微型显示装置。其基本原理是将涂有液晶材料的 CMOS 集成电路芯片（包括外部驱动电路及控制电路等）作为反射式 LCD（液晶显示屏）的基板，与另一块作为公共电极的涂有透明导电层的玻璃基板共同封接成一个密封腔体，注入液晶后即可制成硅基液晶显示器件（LCOS）。LCOS 的结构如图 9.8 所示。

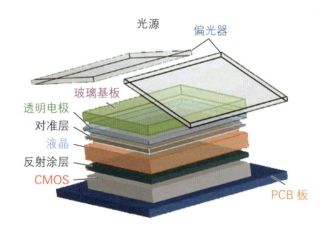

>> 图 9.8 LCOS 结构

相比传统的玻璃基板 LCD，LCOS 利用硅晶圆作为基板。前者通常用穿透式投射的方式，光利用效率只有 3% 左右，分辨率不易提高；LCOS 则采用反射式投射，光利用效率可达 40% 以上，而且可随硅晶圆上的半导体工艺实现微细化，逐步提高分辨率。LCOS 的优势在于性价比较高，缺点在于高功耗及低对比度。LCOS 产品见图 9.9，LCOS AR 眼镜示例如图 9.10 所示。

>> 图 9.9　LCOS 产品示例

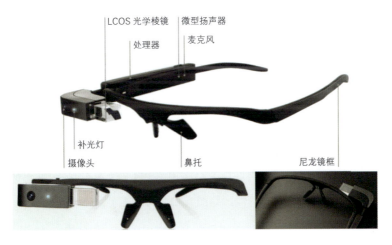

>> 图 9.10　LCOS AR 眼镜示例

三、OLEDOS

为改善 LCOS 在对比度、功耗与响应时间等方面的性能表现，硅基 OLED 成了 AR 终端选择的新技术。

OLEDOS（OLED on Silicon 或 OLED-on-CMOS），即硅上有机发光显示，也称硅基 OLED。硅基微型显示器有两个明显特征：一是显示器以集成了 CMOS 驱动电路的单晶硅芯片为基底；二是显示器的外观尺寸非常小，以致要借助一些光学放大系统才能看到显示的图像信息。如图 9.11 所示。

投影光学系统	20000h 寿命	0.45 英寸硅晶 OLED 面板
高对比度、高分辨率、广色域显示三者合而为一	光学引擎寿命保持长期稳定使用	OLED 光学面板保证高清，更显轻薄

>> 图 9.11　硅基 OLED 产品示例

OLEDOS 是结合 CMOS 工艺和 OLED 技术，以单晶硅作为驱动背板而制成的有机发光二极管显示器件。与普通的以非晶硅、微晶硅、多晶硅或氧化物薄膜晶体管为驱动背板的 OLED 显示器件相比，单晶硅背板具有更高的载流子迁移率，因此更容易实现高 PPI（像素密度）、高集成度、小体积和超低功耗等优异特性，如图 9.12 所示。

>> 图 9.12　OLEDOS

OLEDOS 包括驱动背板和 OLED 器件两个部分。驱动背板在单晶硅上运用 CMOS 工艺制作，形成硅基 OLED 微显需要的像素电路、行列驱动电路以及其他功能电路。在 CMOS 电路的顶层金属中，通常制作一层高反射的金属，作为 OLED 器件的阳极。OLED 器件部分通常包括空穴注入层、空穴传输层、发光层、电子传输层、电子注入层、半透明的顶电极。在顶电极上制作薄膜封装层，用于阻隔水氧，接着旋涂透明贴合胶层，贴合玻璃进行器件强度保护。OLEDOS 的结构如图 9.13 所示。

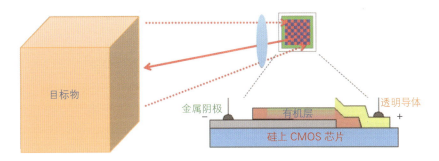

>> 图 9.13　OLEDOS 的结构

硅基 OLED 不但实现了显示屏像素的有源寻址矩阵，还实现了如 SRAM 存储器等多种功能的驱动控制电路，减少了器件的外部连线，增加了可靠性，实现了轻量化，像素尺寸为传统显示器件的 1/10，精细度高于传统器件。但硅基 OLED 亮度低、制造成本高，目前多使用于 VR 显示以及 AR 显示，如图 9.14 所示。

>> 图 9.14　LCD 与硅基 OLED 对比图

四、Micro LED

Micro LED，即 LED 微缩技术；成为继 LCD 和 OLED 后业界期待的下一代显示技术,其原理是将 LED 阵列微缩化后,将每个微型 LED 通过巨量转移技术精确定位到电路基板上,形成超小间距 LED,将毫米级别的 LED 进一步微缩到微米级,以实现超高像素、超高分辨率,如图 9.15 所示。

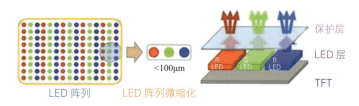

>> 图 9.15 Micro LED 技术

Micro LED 显示器不需在大面积基板上进行光刻或蒸发,也不需要一个复杂的过程来转换颜色和防止亮度降低。从理论上讲,Micro LED 可以很简单,成本更低,画面性能更高。但目前 Micro LED 显示器模块的制造工艺尚未实现类似于 LCD 或 OLED 的标准化,加上 Micro LED 的制造工艺复杂,生产设备和工具多为定制,涉及批量转型的制造商众多,导致其商业化进程还比较缓慢。Micro LED 产品见图 9.16。

>> 图 9.16 Micro LED 产品示例

五、DLP

DLP 是 Digital Light Processing 的缩写,中文为数字光处理。DLP 技术是基于 TI(美国得州仪器)公司发明的数字微镜装置(Digital

Micromirror Device，DMD）来将影像信号经过数字处理后，将光投影出来的技术。

DLP 技术是目前唯一能够同时支持世界上最小的投影机和最大的电影屏幕的显示技术，其图像由 DMD 产生。DMD 芯片是 DLP 的基础，这个只有火柴盒大小的芯片（CMOS 硅基片）集成了 80 万～200 万多面微镜片（微型反射镜）所组成的矩阵，每一片微镜片表示一个像素，微镜片的数量与投影画面的分辨率相符，800×600、1024×768、1280×720 和 1920×1080 是一些常见的 DMD 尺寸，如果分辨率是 1920×1080，则 DMD 芯片上有 207 万多个微镜片。

每面微镜片都可以独立地向正负方向翻转 10°，并可以每秒钟翻转 65000 次。光源通过这些微镜子使光线反射进入（开）或离开（关）投影光学系统，同时与 RGB 三基色协调，通过改变切换开关状态的频率，使反射的光线呈现不同颜色和深浅，从而形成图像。DLP 技术抛弃了传统的光学会聚，可以随意改变焦点，调整起来十分方便，而且其光学路径相当简单，体积更小。

DMD 通过单片系统和三片系统实现全彩色显示。

在单片 DMD 系统（又称单片 DMD 机）中，用一个由红、绿、蓝滤波系统组成的色轮来产生全彩色投影图像。色轮以 60Hz 的频率转动，当色轮旋转时，白光通过色轮过滤器产生红、绿、蓝光，顺序打到 DMD 表面上，人的视觉器官将连续投射的色彩混在一起，于是便可以看到全彩色的图像，如图 9.17 所示。

另外一种方法是将白光通过棱镜分解成红、绿、蓝三原色后，投射到三个 DMD 芯片上，每个 DMD 对应一种原色，称为三片 DMD 机。DMD 芯片由很多微小的镜片组成（如果分辨率是 800×600，则 DMD 芯片上有 48 万个小镜片），每个镜片均可在 $-10°\sim+10°$ 之间自由旋转，输入信号经过处理后作用于 DMD 芯片，从而控制镜片的偏转，入射光线在经过 DMD 镜片的反射后形成全彩色图像。DMD 产品示例见图 9.18。

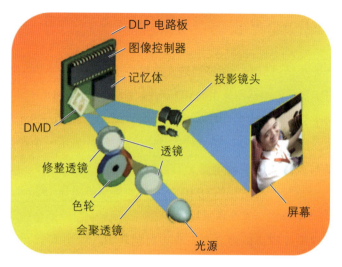

>> 图 9.17 DMD 单片系统技术成像原理图

>> 图 9.18 DMD 产品示例

DLP 是一种全数字反射式投影技术。其特点是通过数字化处理使图像的灰度等级提高，图像噪声消失，画面质量稳定，数字图像非常精确。其次是反射优势，利用反射式 DMD 器件，使成像器件的总光效大大提高，对比度、亮度、均匀度都非常出色。此外，显示优势使 DLP 清晰度高、画面均匀、色彩锐利。最后，三片 DMD 系统可达到很高的亮度，且可随意变焦，调整十分方便。

AR 的光机设计是当前的难点之一。不同于半导体遵循摩尔定律，往往具有可预见的迭代周期，光学设计则需要在最基本的物理定律的框架下，不断探索、论证各种可能性，其技术门槛较高，进展相对缓慢。在各种光学参数存在冲突的情况下做出取舍，是目前 AR 光机设计的重要挑战。

第三节　AR 模组（光学组合器）

由于现有 AR 显示技术方案在分辨率（清晰程度）、视场角（视野范围）、重量、体积（美观舒适）等方面存在着潜在冲突，如何在视觉质量、眼动框范围、体积、重量、视场角、光学效率与量产成本之间进行权衡取舍、优化组合，成为驱动技术创新的主要动因。因此，光学组合器的设计差异，是区分 AR 显示系统的关键。AR 模组示例见图 9.19。

光学模组支架采用医疗级镁铝合金，具有低密度、强度极高的优点。

>> 图 9.19　AR 模组产品示例

概括来说，AR 显示系统就是各种光机与棱镜、Birdbath、自由曲面、光波导等光学元件的组合，目前市场上比较成熟的光学显示方案主要为"LCOS+棱镜"方案、"LCD+Birdbath"方案、"硅基 OLED+自由曲面类"方案、"LCOS/DLP+光波导"方案。

一、棱镜方案

棱镜方案的典型代表是 Google Glass 和 MADGAZE MAD Gaze X5，这类方案在眼镜架的一侧安装一个突出的组件，里面最为核心的部分就是微型投影仪和棱镜，如图 9.20。

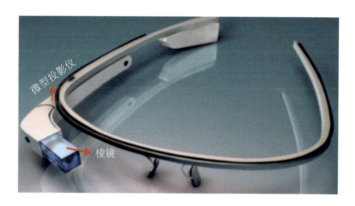

>> 图 9.20　棱镜方案的典型代表 Google Glass

棱镜方案的光学显示系统主要由投影仪和棱镜组成，微型投影仪被塑料外壳封装在里面，在眼镜前方突出的透明部分就是棱镜。当 AR 眼镜显示信息时，图像从投影仪中投射出来，棱镜前面有一个 45°的斜面，图像投射到这个斜面上后，经过折射，从纵向变成横向照射到棱镜上，然后棱镜将图像直接反射到人眼视网膜中，与现实图像相叠加，用户就看到了虚实结合的画面，如图 9.21 所示。

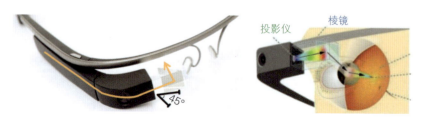

>> 图 9.21　棱镜方案原理演示

由于棱镜的光学部分成本相对低廉，方案比较成熟，技术门槛低，所以已经有多家厂商推出过类似产品，如图 9.22 所示。由于重量轻，容易布置到普通眼镜上，所以在很多信息提示的应用场景中都被推荐使用，例如警察执法、工业远程协助。因为不会遮挡人眼的视线，有案例显示，部分工业用户在使用中认为棱镜方案比微软 Hololens 2 更方便实用。

>> 图 9.22　MAD Gaze X5 眼镜示例

棱镜方案和我们小时候玩的潜望镜的原理类似，利用的都是光的反射原理，如图 9.23。

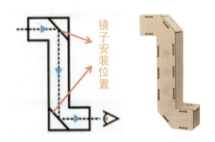

>> 图 9.23　手工制作潜望镜

二、Birdbath 方案

Birdbath 方案如图 9.24 所示。该方案是把来自显示源的光线投射至

第九章　元宇宙的呈现之虚实相生：AR 系统　　189

45°角的分光镜。分光镜按照反射和透射比（R/T 比例），部分反射光线以 R 值进行反射，其余部分则以 T 值进行透射，这种设计使用户可以同时看到现实世界的物理对象和由显示器生成的数字影像。从分光镜反射回来的光线弹射到凹面镜上，将光线重新导向用户的眼睛。

三、自由曲面方案（"虫眼"光学设计）

自由曲面方案的典型代表是爱普生 BT300 和 Meta 2、Nedglass X2 等。以爱普生 BT300 为例，爱普生 BT300 去掉了眼镜架上的投影仪模块，直接在镜片上下功夫，如图 9.25。

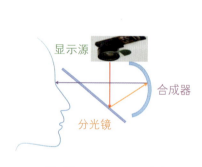

>> 图 9.24 Birdbath 方案

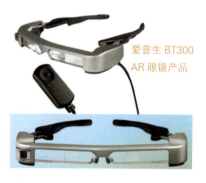

>> 图 9.25 爱普生 BT300 AR 眼镜

爱普生 BT300 的镜片分为两层，外层除了透明的普通镜片外，还嵌入了一块液晶屏，类似于手机屏幕，由于液晶屏离人眼太近，小于人眼的焦距，正常情况下难以看清屏幕内容，这时爱普生 BT300 内层的自由曲面镜片就发挥作用了。

自由曲面就是不规则的曲面，其形状根据具体应用而变化。AR 眼镜中的自由曲面方案，采用低成本的 LCD 显示源以及带反射/透射（R/T）值的曲面反射镜，如图 9.26 所示。曲面反射镜向用户的脸部倾斜，形成一个"虫眼"的外观，如图 9.27 所示。

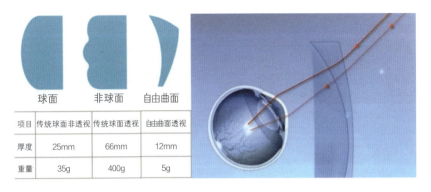

>> 图 9.26 自由曲面方案

>> 图 9.27 自由曲面方案

显示源发出的光线直接射至凹面镜/合成器上,通过特定的曲面角度,改变液晶屏幕投射出的光线角度,让光线看起来像是来自更远的距离,这样眼睛就会根据虚假的距离,重新聚焦,并且反射回眼内,用户就能看清屏幕上的内容了。虽然画面离人眼的距离不足 3cm,但是实际效果相当于在 3m 距离上看一台 80in 的大屏幕,如图 9.28 所示。

大多数设计为了能将显示源覆盖用户的视野,都将显示器移至眼睛"轴外",设置在额头上方,故名离轴显示器。同时,自由曲面可看作是将光线投影到镀膜曲面上进行反射,因此自由曲面又称为离轴反射。然而,凹面镜上的离轴显示器存在畸变,需要在软件/显示器端进行修正。目前自由曲面量产的加工难以保持高精度,局部精度下降会导致图像局部

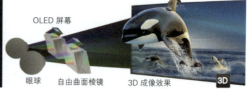

>> 图 9.28　自由曲面 AR 光学显示技术

扭曲和分辨率降低，存在产品一致性难题。此外，通过厚棱镜观察真实世界时，会出现一定程度的扭曲和水波纹样畸变，这些因素都影响了自由曲面的发展潜力。

自由曲面方案可简单地分为大曲面类与小曲面类。大曲面与小曲面的区分其实并不严格，目前市场上有一些产品已处于分类的边界。

1. 大曲面类（Big Curved）

大曲面类是视场角可达 110° 的光学方案，也就是前些年星战 AR 头显的方案。该方案成本低（几十美元），技术成熟，用户可以戴眼镜使用，具有良好的成像效果和超大视场角能够提供高度沉浸的体验，尽管如此，由于其体积过大，不便于日常长时间佩戴。在线下 AR 游戏、主题乐园、教育和工业培训等应用场景中具有明显的市场机会，且技术门槛较低。

>> 图 9.29　大曲面类自由曲面方案：Meta 2 AR

如图 9.29 所示，设备前部是一块较大的反射镜片或虫眼式镜片，其体积较大，整体设计类似头盔，覆盖到额头的位置，使得整个眼镜看起来向前突出。

2. 小曲面类（Small Curved）

小曲面类是接近普通眼镜外观的曲面反射眼镜，可以是棱镜组合或镀膜反射镜组合，原理基本上与大曲面类似。得益于超小的显示器件，使得设计非常紧凑，即使集成传感电路后，体积和厚度仍可做到太阳镜大小。其视场角可达 30°～50°，空心的小曲面模组质量只有约 10g，如图 9.30 所示。

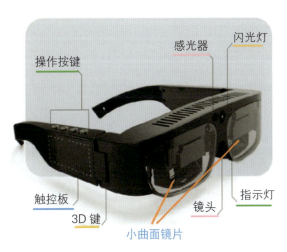

>> 图 9.30 小曲面类自由曲面方案：MAD Gaze Vader

小曲面眼镜具有成本低，成像效果优良，适合佩戴，性价比高等优点。不过，小曲面依然需要一定的厚度来形成反射镜，所以无法最终达到普通眼镜的轻薄效果。此外，大多数镜片表面存在明显的反射图案，可能会影响佩戴者形象。

Chapter 10

第十章

元宇宙之AR系统的关键技术

增强现实的实现过程，一般包括获取真实场景信息、分析真实场景和相机位置信息、生成虚拟信息、虚拟信息与真实场景融合或直接显示这几个步骤。在具体实现中，光波导显示技术、场景理解、虚实相生是目前AR系统的关键技术。

第一节 光波导

棱镜方案和自由曲面方案都存在一个共同的缺点：镜片前方的视野都存在不同程度的遮挡。比如棱镜方案中有一个厚厚的棱镜挡在用户的眼前，自由曲面方案中因其显示画面部分的曲率和周围不一致，导致用户在观察周围环境时产生不自然感，相比之下，光波导方案则不存在这个问题。

一、光波导概述

1. 光波导的概念

目前，完美的光学方案还没有出现，所以目前市场上才出现百家争鸣、百花齐放的状态，但是从光学效果、外观形态和量产前景来看，光波导方案均展现出最大的发展潜力。

光波导，顾名思义，就是引导光波在其中传播的介质装置，又称介质光波导，通过预先设计好的路径，引导光线曲折进入人眼。光波导的材质轻薄，中间层厚度可控制在 1~10μm，并且对外界光线的透射率极高，这些特性使镜片更轻薄，还能有效保证显像质量，如图 10.1 所示。

HKM-4000 智能 AR 眼镜的光学成像系统

>> 图 10.1 光波导器件实物示例

光波导可以理解为在玻璃上做出来的投影幕布，这块幕布的特别之处是它看起来是透明的，但同时还可以将投影仪投射的影像显示出来。也就是说透过这块光波导，用户不仅能够看到现实世界，还可以看到一个叠加的影像。用户看到的现实世界，被所叠加的影像"增强"了，这便是AR（增强现实）名称的由来。

那么通过光波导是如何实现既能看到真实的外部世界，也能看到虚拟信息这一功能的呢？

其实，光波导技术并不是什么新概念，其最初目的是在介质中实现光的无损耗传输。我们熟悉的光通信传导的光纤、海底的光缆等都是采用的这个原理。在 AR 眼镜中，为确保光在传输的过程中无损失无泄漏，实现"全反射"是关键，即光无论从何种角度投射进来，都要完全反射，做到光在传输的过程中无损失无泄漏。而要达到全反射，需要满足两个条件，第一个条件就是传输介质即波导材料的折射率 N_1 需要比周围介质的折射率 N_2 高；第二个条件就是光进入波导的时候入射角需要大于临界角，如图 10.2 所示。

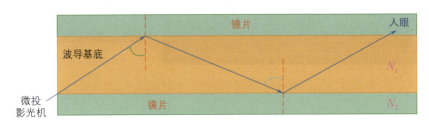

>> 图 10.2 波导方案原理图——光线内部的反射以及光线进出的控制

如果满足了以上两个条件，光在波导中就像条游蛇一样来回反射前进而不会透射出来。光波导其实就是一个玻璃基底（小于 1mm），可以使一定条件射进去的光产生全反射，实现我们想要的将光从光机搬运到人眼睛前面的任务。在这个过程中波导只负责传输图像，一般不对图像本身做任何处理（比如放大缩小等），可以理解为"平行光进，平行光出"，所以它是独立于成像系统而存在的一个单独元件，如图 10.3 所示。

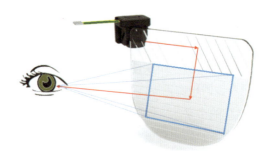

>> 图 10.3　光波导传输演示

从光波导的原理可知，光波导方案中的镜片至少是两层，当光线进入镜片时，会从两层镜片的夹缝中以全反射的角度射入，在镜片中来回反射，直到到达设计者指定的位置射出，这样用户就可以看到画面了，如图 10.4 所示。

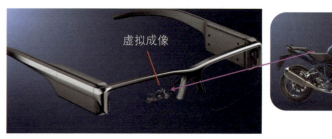

>> 图 10.4　光波导 AR 眼镜成像演示：将摩托车图像投影到镜片上

光波导的这种特性，对于优化头戴设备的设计和美化外观有很大优势。因为有了波导这个传输渠道，可以将显示屏和成像系统放置到远离眼镜的位置，额头顶部或者侧面，这不仅极大降低了光学系统对外界视线的阻挡，还使得设备的重量分布更符合人体工程学，从而改善设备的佩戴体验。

2. 光波导的优缺点

下面将光波导技术的优缺点列举出来，使读者更全面地理解光波导的特点。

光波导技术的优点见表 10.1。

表 10.1　光波导技术的优点

增大动眼眶范围	所谓动眼眶，就是戴上眼镜之后，眼睛在系统中心点周围移动多大的范围仍然能够清晰地看到图像。光波导通过扩瞳技术增大动眼眶范围，从而适应更多人群，改善机械容差，推动消费级产品实现
成像系统旁置	把庞大的光机移到眼睛旁边去，比如在侧面、额头等，可以不阻挡视线并且改善配重分布，波导镜片像光缆一样将图像传输到人眼前面
外形更像传统眼镜	波导镜片的形态是平整轻薄的玻璃片，其轮廓可以切割，外形可以做得更接近于传统眼镜，利于设计迭代
"真"三维图像	可以将多层波导片堆叠在一起，每层提供一个虚像距离，提高了"真"三维图像的可能性

在实际应用中，由于光波导方案中镜片的曲率完全一致，戴上光波导 AR 眼镜后，用户不会感觉在眼前有障碍物和异物遮挡，使用体验更好，如图 10.5 所示。

>> 图 10.5　光波导 AR 眼镜显示示例

光波导技术的缺点见表 10.2。

表 10.2　光波导技术的缺点

光学效率相对较低	光在耦合进出波导以及传输的过程中都会有损失，并且大的动眼眶使得单点输出亮度降低
几何光波导总体良率低	几何光波导制造工艺流程比较烦冗复杂，烦冗的制造工艺流程导致总体良率较低
衍射光波导图像质量差	衍射色散会导致图像有"彩虹"现象和光晕以及色彩不均匀，而且设计门槛要高一些

3. 基于光波导的 AR 眼镜

图 10.6 所示的 AR 眼镜光学显示器模组包括微型显示器（Micro-display Pod）和反射光波导镜片（Light-guide Optical Element，LOE）。其中，LOE 是一个很小的、透明的光学平板，可以将手机、计算机等其他设备传送过来的图像，运用光学投影的技术，反射到用户眼中，从而在用户的大脑中形成虚拟图像，投影出来的影像在用户看来却如同一台 17 英寸的电脑显示器所展现的画面一样清晰和色彩鲜艳。这种特殊的眼镜是由 Lumus 公司研制的，外形跟普通的眼镜一模一样，只是眼镜脚多了个微型黑盒，不但能接收影像信号，而且还能把信号传送至镜片。光波导 AR 眼镜原理见图 10.7。

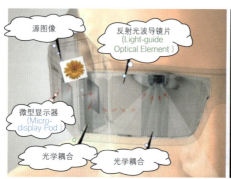
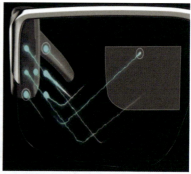

>> 图 10.6 基于光波导的 AR 眼镜外观原理示意图

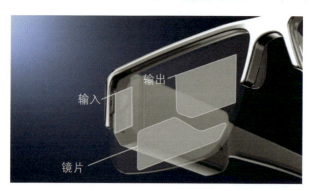

>> 图 10.7 光波导 AR 眼镜原理示例

在具体实现上，可以使用一组镜片实现光波导方案，也可以像微软 HoloLens 一样，采用三组镜片来分别传递不同颜色的光，以实现更精准的控制，如图 10.8 所示。

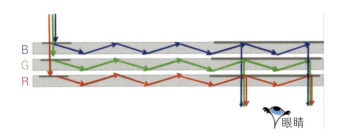

>> 图 10.8　HoloLens 采用多组镜片传输光线

二、光波导方案的分类

波导结构的基础是轻薄透明的玻璃基底（一般厚度在几毫米或亚毫米级别），光通过在玻璃上下表面之间来回"全反射"前进。

如果我们基于全反射的条件做一个计算，会发现只有一部分角度的入射光能够在波导中传输，这便决定了 AR 眼镜最终的视场角（FOV）范围。

简而言之，越大的视场角，就需要越高折射率的玻璃基底来实现。因此传统玻璃制造商比如康宁（Corning）和肖特（Schott），近年来都在为近眼显示市场研制专门的高折射率并且轻薄的玻璃基底，还在努力不断增大晶圆尺寸以降低波导生产的单位成本。

有了高折射率玻璃基底，区别波导类型就主要在于光进出波导的耦合结构了。光波导总体上可以分为几何光波导（Geometric Waveguide）和衍射光波导（Diffractive Waveguide）两种。几何光波导就是所谓的阵列光波导，采用纯几何光学的形式，光的入波导和出波导都是通过阵列反射镜堆叠实现图像的输出和动眼眶的扩大，以色列的 Lumus 公司是该领域的代表公司。几何光波导方案中一般包括锯齿结构波导和偏振薄膜阵列反射镜波导（简称偏振阵列波导）。

衍射光波导又分为利用光刻技术制造的表面浮雕光栅波导（Surface Relief Grating）和基于全息干涉技术制造的体全息光栅波导（Volumetric Holographic Grating）。HoloLens 2 和 Magic Leap One 采用前者，体全息光栅波导则是使用体全息光栅元件代替浮雕光栅，苹果公司收购的 Akonia 公司采用的便是体全息光栅。另外致力于这个方向的还有 Digilens。此技术色彩表现比较好，但目前对 FOV 的限制也比较大。

有必要区分"全息光栅"与"全息技术"，全息光栅只是利用类似于全息照相的原理来制造光栅，即用两束激光形成干涉条纹来调制光栅材料的特性以形成"折射率周期"，光栅本身并不能够全息成像，如图 10.9 所示。

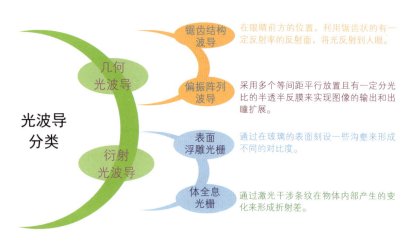

>> 图 10.9　光波导的分类

光波导方案总结见表 10.3。

表 10.3　光波导方案总结

分类	细分		体积	视场角	动眼眶范围	制造难度
几何光波导	锯齿光波导		较大	较小	较小	容易
	偏振光波导					
衍射光波导	表面浮雕	一维	较小	可实现大视场角	可实现二维扩瞳	中等
		二维				
	体全息	透射式	较小	可实现大视场角	动眼眶范围较大	中等
		放射式				

AR 设备四种不同的技术路线棱镜方案、Birdbath 方案、自由曲面方案和光波导方案总结如表 10.4。

表 10.4　AR 设备四种不同的技术路线

光学显示系统	特点	产品形态
棱镜	优点：技术成熟，显示屏可以做得很小，成本低 缺点：视场角小，产品本身无法做成眼镜形态	
Birdbath	优点：对比度好，分辨率高，色彩好 缺点：透光率低，亮度低，导致产品难以在弱光环境下正常使用	
自由曲面	优点：大曲面的视场角更大、成像效果更好；小曲面眼镜外观小巧轻便，便于日常佩戴，性价比更高 缺点：会产生畸变，量产加工难以保持较高精度	
光波导	优点：视场角大、分辨率高，非常轻便 缺点：色彩和对比度一般	

第十章　元宇宙之AR系统的关键技术

通过对比，可以看出光波导显示方案的综合指标最高。光波导技术利用了光线的全反射原理，可在一片 1～2mm 厚度的镜片内进行光线的传输，从而可以使 AR 眼镜的整体结构变得更加轻薄，外观与普通玻璃镜片无异。

目前随着市场上的主流 AR 眼镜 HoloLens 2、Magic Leap 2 等对光波导技术的采用和量产，以及 AR 光学模组厂商 DigiLens、耐德佳、灵犀微光等技术不断升级，国内更多的 AR 眼镜制造厂纷纷采用光波导技术方案。

第二节 场景理解

在增强现实的实现过程中，对真实场景和信息进行分析看似简单，但在具体实现中，环境和 3D 交互理解是目前的瓶颈。

一、场景理解概述

在增强现实系统中，要实现现实场景与虚拟对象的内容匹配，首先要解决辨别输入的图像是什么的问题，也就是要知道场景中存在什么样的对象和目标。这样当用户戴上增强现实眼镜观测到一个物体时，AR 镜片就能迅速呈现该物体的相关信息，即生成与现实场景相对应的虚拟对象。

AR 中的大部分视野呈现的是真实场景，那么，如何识别和理解现实场景和物体，并将虚拟物体更为真实可信地叠加到现实场景中成了 AR 的首要任务。场景理解技术就是为了让真实环境与虚拟物体更自然地融合，当虚拟物体更真实可信、无缝地叠加到真实环境中时，说明机器对环境的理解更好。图 10.10 描绘了一个典型的 AR 系统场景理解的概念模型。

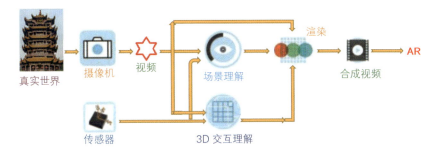

>> 图 10.10 AR 系统场景理解概念模型

从图 10.10 可看出，真实世界经过数字成像，然后系统通过影像数据和传感器数据一起对三维世界进行感知理解，同时得到对三维（3D）交互的理解。三维交互理解的目的是告知系统要"增强"的内容。

举个 AR 辅助维修的例子，当系统识别出维修师翻页的手势时，那么接下来要叠加到真实图像中的就应该是虚拟维修手册的下一页。3D 场景理解的目的就是告知系统要在哪里"增强"——要求在上一页面的空间位置处显示下一新页面，这就要求系统实时对周围的真实 3D 世界有精准的理解。一旦系统知道了要增强的内容和位置以后，就可以进行虚实结合，这个过程通过渲染模块完成。最后，合成的视频被传递到用户的视觉系统中，就实现了增强现实的效果，如图 10.11 所示。

>> 图 10.11 AR 辅助维修示例

二、物体检测和识别

物体检测和识别的目的是发现并找到场景中的目标,这是场景理解中的关键一环。广义的物体检测和识别技术是基于图像的基本信息(各类型特征)和先验知识模型(物体信息表示),通过相关的算法实现对场景内容分析的过程,如图 10.12。在增强现实领域,常见的检测和识别任务有人脸检测、行人检测、车辆检测、手势识别、生物识别、情感识别、自然场景识别等。

>> 图 10.12　物体检测和识别

目前,对目标物的识别有两种技术实现方法。

一种是从分类和检测的角度出发,先通过机器学习算法训练得到某一类对象的一般性特征,生成数据模型。这种方法检测或者识别出的目标不是某一个具体的个体,而是一类对象,如汽车、人脸、生物等。这种识别由于是语义上的检测和识别,所以并不存在精确的几何关系,也更适用于强调增强辅助信息,不强调位置的应用场景中,如检测人脸后显示年龄、性别等。

另外一种识别是从图像匹配的角度出发,数据库中保存了图像的特征以及对应的标注信息,在实际使用过程中,通过图像匹配特征点的方式找到最相关的图片,从而定位环境中的目标,进一步得到识别图像和目标图像的精确位置。这种识别适用于需要对环境进行精确跟踪的应用场景。

第三节　虚实相生

一、虚实相生概述

虚实相生，也称虚实结合，即结合真实与虚拟，在现实场景中加入虚拟对象，实现现实场景与虚拟场景的叠加，做到虚中有实，实中有虚。

图 10.13 中佩戴了 Hololens 增强现实头盔显示器的男子，能看到工具箱和一些简单的 3D 模型，这些都是虚拟成像，这些虚拟的工具箱和模型在他看来就放置在真实的桌面上。这就是一种"真实与虚拟"的结合。

>> 图 10.13　虚实相生演示

"虚"是指用于增强的信息，可以是指虚拟的对象，也可以是真实场景的标注信息、提示等，如图 10.14 所示。

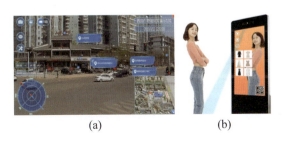

(a)　　　　　　　(b)

>> 图 10.14　AR 建筑物的标注信息和提示（a）、虚拟试衣间增强的虚拟对象（b）

第十章　元宇宙之 AR 系统的关键技术

在 AR 系统中，摄像机拍摄所得的视频（视频透视式）显示在显示器上或者采用光学透视方式直接显示在人眼上，使用户看到外界的真实场景；另一方面，虚拟对象也被送到显示器中。在虚实融合过程中，需要虚、实对准，这需要跟踪、标定、注册等技术的支持，使 AR 系统在真实场景中增添、定位虚拟物体。最后，显示器才会产生融合的图像，如图 10.15 所示。

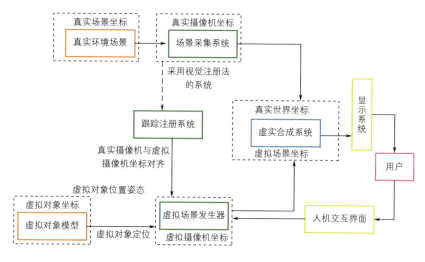

>> 图 10.15　AR 系统虚实相生的工作过程

AR 系统在功能上主要包括四个关键部分。其中，图像采集处理模块是采集真实环境的视频，然后对图像进行预处理；而跟踪注册定位系统是对现实场景中的目标进行跟踪，根据目标的位置变化来实时求取相机的位姿变化，从而为将虚拟物体按照正确的空间透视关系叠加到真实场景中提供保障；虚拟信息渲染系统是在清楚虚拟物体在真实环境中的正确放置位置后，对虚拟信息进行渲染；虚实融合显示系统是将渲染后的虚拟信息叠加到真实环境中再进行显示。

AR 引擎通过以现实场景中二维或三维物体为标识物，将虚拟信息与现实场景信息进行对位匹配，即虚拟物体的位置、大小、运动路径等与现实环境必须完美匹配，达到虚实相生的目的。

跟踪、标定和注册是 AR 虚实相生技术的三个核心问题，如图 10.16 所示。

图 10.17 以 Google Glass 为例，展示这三个技术之间的关联。增强现实技术的核心在于虚拟信息和真实世界在物理空间中的匹配，即实现虚拟信息和真实世界的无缝叠加。为了保持现实和虚拟的对准，需要通过跟踪（Tracking）技术来实现，包括使用者的空间定位跟踪和虚拟物体在真实空间中的定位两个方面的内容。

图 10.16　AR 虚实相生技术：跟踪、标定和注册

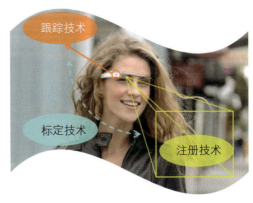

图 10.17　跟踪、标定和注册

二、跟踪

AR 眼镜想要实现物理环境与虚拟元素的融合，必须要做到的就是能够跟踪虚拟环境。目前主流的跟踪技术主要分为三种，分别为基于计算机视觉的跟踪技术、基于硬件传感器的跟踪技术以及结合前两种优势的混合跟踪技术，如图 10.18 所示。

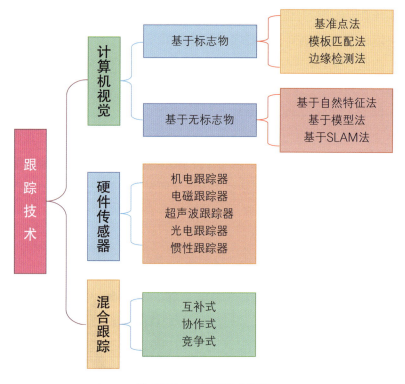

>> 图 10.18　跟踪技术分类

各种跟踪技术的优缺点见表 10.5。

表 10.5　各种跟踪技术的优缺点

种类	优点	缺点
基于标志物	实时性好，计算复杂度小，精度较高	会出现漂移和标志物遮挡
基于硬件传感器	有更好的实时性和稳定性，计算量也更小	精度较低，受环境影响严重
混合跟踪	具有更高的定位精度，实时性与鲁棒性好	系统构成较为复杂，开发难度较高

三、标定

所谓标定，主要是通过一些测量和计算，对场景中的各个元素做一个精确的标定，标定不好，用户看到的场景元素就会对不齐。AR 眼镜的标定技术，实际上就是标定人眼与跟踪系统之间的相对位置关系以及人眼的内参数。

鉴于光学透视型的 AR 眼镜的特殊原理，我们往往不能直接获得人眼在目标空间中的坐标位置，而需要对人眼和 AR 眼镜的跟踪系统进行标定，实现"物理环境"—"跟踪系统"—"人眼成像"这条技术路径，保证人眼能看到准确的虚实融合效果。有很多产品是直接将跟踪摄像头的位置等效为人眼的位置，这样做的结果是人眼看到的虚拟元素与物理实景之间是相互分立的、没有注册好的。直观的表现就是"头一运动，虚拟物体就在飘"。因此，这些产品通常无法为用户提供良好的虚实融合体验。

四、三维注册（配准）技术

三维注册（也称三维配准）强调计算机生成物和现实环境的对应关系，虚拟的物体和现实环境的三维位置和大小必须完美融合。衡量 AR 系统性能以及影响其实用性的关键指标就在于三维注册的精度。

1. 三维注册概述

要实现虚拟和现实物体的无缝融合，就必须将虚拟物体合并到现实世界中的准确位置，即将虚拟对象与现实世界在三维空间中利用注册技术进行"对齐"，专业术语称为配准。将虚拟对象定位到现实世界中的准确位置上的过程称为注册（Registration）。这个过程要求 AR 系统实时地从当前真实的场景中获得现实世界的空间数据，包括使用者的位置、头部角度、运动情况等，以此来决定如何按照使用者的当前视场重新建立坐标系并将虚拟对象显示（渲染）到真实环境中的准确位置。

跟踪系统在进行测量的时候，会存在测量误差，导致位置估计不准。这种误差会导致注册的虚拟物体与真实物体之间会存在不匹配的情况。AR 系统实时检测用户头部位置和方向，根据这些信息确定所要添加的虚拟信息在真实坐标中的位置，使得用户眼前真实景象和虚拟景象保持同步。如图 10.19 所示，当使用者的位置变化时，虚拟的细胞模型也能够随之转动并出现在人周围合适的位置，而非不相匹配。

>> 图 10.19　三维注册技术演示

三维注册技术就是探寻能够快速直接使虚拟场景与真实世界精确对齐的方法，实现虚实场景的完美结合。其工作流程包括：

第一步：实时检测用户头部佩戴摄像头的位置和用户视线的方向。
第二步：根据检测信息计算出虚拟信息在投影平面中所在的位置。
第三步：这些信息显示在用户视野的正确位置。

2. AR 实例：AR 游戏 *Pokemon Go* 实现原理

AR 应用主要在各类游戏之中，火遍全球的 *Pokemon Go*，正是这一应用的最佳代表。游戏在定位玩家的地理位置后，系统设定分布在该地域的妖怪品种以及出现概率，玩家跟着导航就能找到各种口袋妖怪，并且游戏中还运用 AR 技术，让玩家捕获妖怪的扔球动作原汁原味再现于现实，如图 10.20 所示。

>> 图 10.20　AR 游戏 *Pokemon Go*

其基本原理是通过 GPS 获取用户的地理位置，然后 AR 软件连接到互联网上搜索，获取该位置附近的 POI 信息（比如找到一家距离很近但是被遮挡住的餐厅，或获取用户对一家咖啡馆的评价等），再通过移动设备的电子指南针和加速度传感器获取用户手持设备的方向和倾斜角度，通过这些信息建立目标物体在现实场景中的平面基准（即标记），之后进行坐标变换，在 AR 显示屏上显示出来。

Chapter 11

第十一章

元宇宙的认证机制：区块链

此前的普通虚拟世界（网游、社区等）一直以来都被当作普通娱乐工具，而非真正的"平行世界"，主要原因在于：一来这类虚拟世界的资产无法顺畅在现实中流通，即便玩家付出全部精力成为虚拟世界的"赢家"，大概率也无法改变其在现实中的地位；二来这类虚拟世界中玩家的命运不掌握在自己手中，一旦运营商关闭了"世界"，玩家一切资产、成就清零。《堡垒之夜》创造者"虚拟引擎之父"Tim Sweeney 表示：区块链和非同质化通证（NFT）是通向元宇宙（虚拟世界）"最合理的途径"。

第一节 区块链概述

一、元宇宙的层次结构

元宇宙可分为三层，如图 11.1 所示。

- **前端表现层**：如同电影《头号玩家》，通过硬件设备可以感受到丰富的数字世界。
- **价值传输层**：采用同质化通证（FT）或非同质化通证（NFT）等各种区块链记账技术和 DID（分布式身份）技术实现元宇宙中大量资产的确权和流转。
- **技术支撑层**：由 VR/AR/MR、显示技术、体感设备等共同组成元宇宙的技术支撑。

》 图 11.1 元宇宙的层次结构

其中，元宇宙价值传输层的特征在于确保数字资产的不可复制，因此可以保障元宇宙内经济系统不会产生通货膨胀，确保元宇宙社会经济的稳定运行。凭借区块链技术，元宇宙参与者可以根据在元宇宙的贡献度（时间、金钱、内容创造）等获得奖励。另外，基于区块链可以提供元宇宙专属的 NFT 作为激励。

区块链的出现与成熟完美解决了普通虚拟世界的两个弊端。区块链可以在元宇宙中创造一个完整运转且连接现实世界的经济系统，玩家的资产可以顺利和现实打通；区块链完全去中心化，不受单一方控制，玩家可以持续地投入资源。基于这两点技术特性，区块链提供了元宇宙的治理与激励机制，天然适配元宇宙的数字资产、内容平台、游戏平台、共享经济与社交等关键应用场景。

那么,什么是区块链?区块链的关键技术有哪些?区块链的原理是什么?下面让我们一起来学习区块链的有关知识。

二、区块链的技术背景

区块链技术是一种由密码学支撑、按照时间顺序存储的分布式共享数字账本。它提供了一套安全、稳定、透明、可审计且高效的交易数据记录和信息交互的去中心化架构,是未来社会发展中解决信任危机的一种革命性技术。

区块链技术可能带来互联网的二次革命,把互联网从"信息互联网"带向"价值互联网"。如果说被形象称为"信息高速公路"的互联网处理的是"信息",那么区块链处理的则是"价值"。

在现实世界中,一个人把资金转给另一个人,需要银行或支付机构、见证人等一个有足够信用度的中介参与。在数字世界中,当一个人要把现金转给另一个人时,也必须要有中介机构的参与。比如,我们通过支付宝转账的过程是:支付宝在一个人的账户记录里减掉一定金额,在另一个人的账户记录中增加一定金额。但我们需要为银行、支付宝等信用中介负担成本,为信用成本买单。

如何创建一个无须中介或者说去中心化的数字现金,一直是一个难题。因为数字文件的特性就是可以完美复制,复制出的电子文件副本是一模一样的,如果没有一个中心化数据库做记录,那么如何避免一个人把一笔钱花两次?这就是所谓的双重支付或双花问题(Double Spending)。在比特币出现之前,我们熟悉的主要电子现金系统(如支付宝、PayPal等)都是依靠中心化数据库来避免双花问题,这些可信的第三方中介不可或缺。

在现实世界中,现金的背后有着一整套与货币相关的金融体系:中央银行、商业银行以及后来出现的第三方网络支付机构等。在数字世界中，想要创造一种去中介化、去中心化的"电子现金"，同样要设计一套完整的系统。这一系统要能解决以下几个问题：

① 这种"现金"如何公平、公正地发行出来，不被任何中心化的机构或个人控制？

② 如何将现金直接转给另一个人，无须通过任何中介？

③ 这种电子现金如何"防伪"？在数字世界中，这个问题可转换为：一笔电子现金如何不被花费两次？

2008年，中本聪借鉴和综合前人的成果，改进之前各类中心化和去中心化的电子现金，加上自己的独特创新，发表了题为《比特币：一个点对点电子现金系统》（Bitcoin：A Peer-to-Peer Electronic Cash System）的论文，创造了比特币这个点对点电子现金系统，在交易中不需要任何中介参与就解决了双花问题。中心化和去中心化如图11.2所示。

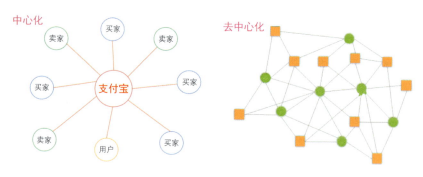

》图 11.2 中心化和去中心化

三、区块链的基本概念

从不同的角度看，区块链有着不同的定义。从记账角度看，区块链是一种分布式账本技术，起源自比特币，每个数据块都包含了一次网络交易信息，用于验证其信息的有效性（防伪）和生成下一个区块。从技术角度看，区块链是一串加盖了时间戳的使用密码学方法相关联产生的数据块，获得记账权的节点必须在当前数据区块头中加盖时间戳，表明区块数据的写入时间，从而确保每一个区块都按时间顺序在上一个区块之后产生，每一个区块都包含了上一个区块的哈希值，形成一条链。从经济角度看，区块链是一个提升合作效率的价值互联网，是数字世界中进行"价值表示"和"价值转移"的技术。区块链硬币一面是表示价值的加密数字货币，另一面是进行价值转移的分布式账本与去中心网络。区块链概念演示如图 11.3 所示。

>> 图 11.3　区块链概念演示

由于区块链采取单向哈希算法，每个新产生的区块严格按照时间线顺序推进，时间的不可逆性、不可撤销导致任何试图入侵篡改区块链内数据信息的行为都易被追溯，造假成本极高，从而可以限制相关不法行为。

第二节 区块链技术

一、区块链的技术架构

区块链的技术架构见表 11.1。

表 11.1 区块链的技术架构

应用层	可编程货币、可编程金融、可编程社会
合约层	代码算法、智能合约
激励层	发行机制、分配机制
共识层	工作量证明
网络层	P2P 网络、广播机制
数据层	数据区块、哈希函数、链式结构、非对称加密、时间戳

1. 数据层

区块链系统将一批交易打包进区块，以区块为单位组织交易数据。区块链中的"块"和"链"都是用来描述其数据结构特征的词汇。"区块"是记录比特币交易信息的数据单元。区块的"链接"是通过区块头数据的哈希值来完成的，区块链使用此哈希值作为所有区块的唯一标识，通过区块头中所记录的父区块哈希值便可在区块链中找到所链接的唯一区块。这样就通过每个区块链接到各自父区块的哈希值序列创建了一条从最新区块追溯到第一个区块的链条，从而形成所有区块的一种链状数据结构。

2. 网络层

区块链是一个分布式网络，故采用 P2P 对等网络去中心、动态变化的组网方式。网络中的节点是地理位置分散但关系平等的服务器,不存在中心节点,任何节点都可以自由加入或者退出网络。

3. 共识层

共识机制是区块链系统的核心引擎,在一个互相不信任的分布式系统中,各个节点在很短时间内就一件事达成一致,称为全网共识。区块链正是这样一个分布式节点网络,各节点之间由共识机制达成一致,可以去除中间机构的参与,直接实现点对点交易。

4. 激励层

为了鼓励更多用户参与共识,提高系统的安全性,设置了激励机制奖励参与共识的用户。例如在比特币中,参与记账的节点被称为矿工,成功获得记账权的矿工节点将收到比特币作为奖励。

5. 合约层

数据层、网络层和共识层作为区块链底层的"虚拟机"分别承担数据表示、数据传播和数据验证功能,合约层则是建立在区块链虚拟机之上的编程算法。以比特币为例,合约层执行简单的脚本语言以实现比特币在互联网交易市场的交易控制,这种脚本语言就是智能合约的雏形,催生了人类历史上第一种可编程的全球性货币。智能合约可以简单理解为满足一定的条件下,自动执行的计算机程序。

6. 应用层

应用层提供针对各种应用场景的程序和接口,用户通过部署在应用层的各种应用程序进行交互,而不用考虑区块链底层技术细节。目前典型的区块链应用包括数字货币、数据存储、数据鉴证、金融交易、资产管理和选举投票六个场景。数字货币是区块链中最早出现的应用,最典型的当数比特币,用户持有的数字货币可以在数字货币系统中进行交易,用于购买商品或者服务。

二、区块链的工作原理

作为区块链技术应用的开山之作，比特币本质上是由分布式网络系统生成的数字货币，其发行过程不依赖中心权威机构，现以比特币交易为例，说明区块链的工作原理。

① 将每笔交易向全网的每个节点广播，以使全网承认有效。

② 矿工节点接收到交易信息后，都拿出账本记载该次交易。一旦记录，就不可撤销，不能随意销毁。

③ 矿工节点通过个人电脑上运行的比特币软件对交易进行确认。

④ 为了鼓励矿工积极参与，对于其所记录和确认的交易，系统为矿工提供 25 个比特币作为奖励（这个奖励数量，系统设定每 4 年减半）。

⑤ 奖励只有一份，选取其中最快的一个。其方法为：系统会出一道 10min 的运算题（哈希算法），谁能最快解出值，谁就获得记录入账权利，并赢得奖励。

⑥ 获得记账权的矿工将向全网广播该笔交易，账本公开，其他矿工将核对确认这些账目。交易达到 6 个确认以上就成功记录在案了。

⑦ 矿工的每个记录，就是一个区块（Block），还会将该笔交易盖上时间戳，每个新产生的区块严格按照时间线顺序推进，形成一个完整时间链。而且每个区块都含有上一个区块的哈希值，确保区块按照时间顺序连接的同时没有被篡改，形成不可逆的链条（Chain），即区块链（Block Chain）。

⑧ 当其他矿工对账本记录都确认无误后，该记录就确认合法，矿工们就进入了下一轮记账权争夺战。

三、区块链的关键技术

1. 去中心化

以银行等作为信用中介需要用户支付信用成本，如何省去银行类等中心机构的信用背书？区块链的本质就是解决信任问题、降低信任成本，目的就是去中心化，去信用中介。

去中心化是区块链颠覆性的特点，不存在任何中心机构和中心服务器，所有交易都发生在每个人电脑或手机上安装的客户端应用程序中。区块链数据的验证、记账、存储、维护和传输等过程均基于分布式系统结构，既节约资源，使交易自主化、简易化，又排除被中心化代理控制的风险。区块链采用带有时间戳的链式区块结构存储数据，从而为数据增加了时间维度，具有极强的可验证性和可追溯性。

2. 工作量证明

在设计比特币系统时，中本聪创造性地把计算机算力竞争和经济激励相结合，所有节点共同参与一种称为工作量证明（Proof of Work，POW）的共识过程来对比特币网络中的交易进行验证与记录。POW 共识过程俗称"挖矿"，参与挖矿的节点称为矿工，即竞争区块的合法记账权，通常是各节点贡献自己的计算资源来竞争解决一个数学问题，第一个成功解决该数学问题的矿工将获得区块的记账权（也就是挖到了"矿"），同时获得比特币系统为每个记账节点分配的挖矿奖励（一定量的比特币）。获得奖励的矿工有责任将当前时间段的所有比特币交易打包记入一个新的区块，按照时间顺序链接到比特币主链上。

3. 智能合约

智能合约是"实现预先设定规则的一段代码"，这些代码的用途是控制链上的数字资产的转移。外部应用通过调用智能合约来执行各种交易，当智能合约的双方在区块链上产生资产交易的时候就会自动触发一段代码来自动完成具体的交易流程，这串计算机代码就是智能合约。

4. 以太坊

实现智能合约就需要"图灵完备"的计算机编程语言。所谓"图灵完备"，可以简单地理解为能把世间一切可以计算解决的问题都计算出来的编程语言。以太坊就是一个在区块链上能实现所有计算的脚本编程语言，即图灵完备，这个语言可以用来创建"智能合约"，用以控制区块链的状态转换，即进行链上数字资产的转移。

开发者可以通过以太坊这一平台创建自己的区块链应用。以太坊上有三种应用：①金融应用，包括电子货币、金融衍生品、对冲交易合约、存储钱包、遗嘱，甚至是一些最终的完善就业合同，如智能合约状态可以记录证券所有权的所有信息，因此可以用来进行证券的登记和清算；②半金融应用，一个典型的例子就是为解决计算问题的自实施奖励；③非金融应用，例如在线投票和去中心化管理，在线投票可以编写成智能合约，根据投票结果直接触发。区块链的关键技术如图 11.4 所示。

>> 图 11.4　区块链的关键技术

四、区块链的发展展望

1. 5G 与区块链

5G 是一种数据传输速率高、传输时延低、网络覆盖广并且允许海量设备接入的新一代无线通信网络技术，其发展的核心宗旨是实现万物互联的社会经济体系，构建一个智能数字化社会。5G 虽然打破了 4G 的瓶颈，但依然存在数据信息泄露等安全隐私问题。将区块链与 5G 结合，其优势是通过 5G 解决区块链中传输时延高、扩展性差等问题，同时利用区块链技术中信息保护、防篡改和可追溯的优势来弥补 5G 的安全问题。

2. 区块链与物联网

物联网是一个嵌入了传感器、电子软件、小型计算存储器、执行器和通信设备的分布式节点网络，当前已经在人们的生活中随处可见。面对种种数量巨大的物联网设备，仍然依赖于传输时延高、设备信息更新不及时的集中式服务器框架已显得不合时宜。集中式框架带来的各种危害已经频频出现，例如在车联网领域，由无人驾驶技术中传输和处理时延引起的车祸频发。因此，在无线环境下使用区块链技术搭建分布式物联网网络框架，设备之间进行直接通信，减少上传云服务器的时间，提高物联网设备的处理效率，同时 5G 的高覆盖特性可以增加物联网的网络容量，以增大区块链的去中心化程度。并且使用链技术将区块数据隔离，建立一个去中心化的分布式账本来跟踪、执行和存储大量的数据信息。区块链可以应用在物联网的很多领域，特别是在智能合约兴起后，将区块链技术应用在车联网、智慧城市、智能电网、智能家居、可穿戴设备、供应链管理、物联网农业等领域的研究更是一股热潮。

3. 未来无线网络与区块链

6G 的理念是实现空天地一体化，作为一种新型高速物联网系统，日积月累的庞大区块链数据能够在短短几秒之间传输完成。目前 6G 网络区块链技术的研究还未开始，随着 6G 关键技术的提出，研究者更多关注区块链技术与 6G 的契合点。区块链对未来网络时代的作用不言而喻，将会成为信息技术革命中一块重要的拼图。

随着比特币近年来的快速发展与普及，区块链技术的研究与应用也呈现出爆发式增长态势，被认为是继大型机、个人电脑、互联网、移动／社交网络之后计算范式的第五次颠覆式创新，是人类信用进化史上继血亲信用、贵金属信用、央行纸币信用之后的第四个里程碑。通过数据加密、时间戳、分布式共识和经济激励等手段，在节点无须互相信任的分布式系统中实现基于去中心化信用的点对点交易、协调与协作，从而为解决中心化机构普遍存在的高成本、低效率和数据存储不安全等问题提供解决方案。

五、区块链于元宇宙的价值

虚拟世界的现实化，需要很多技术支持，区块链一定是虚拟世界现实化的核心支撑。其原因有二。

其一，通过低成本的区块链技术来标记一个数字资产的权属，这一点将极大地激励用户从事价值创造；如今的数字世界存在一个窘境，就是很难对某个特定的数字内容实现资产级的确权，信息被任意复制、修改，盗版猖獗，大量的数字版权无法得到保护，资产得不到保护，收益无法保障，创作者的激励就不充分，创作市场就无法做到真正的繁荣。

区块链技术（比特币）在 2008 年诞生后，其非常重要的意义在于，对资产实现了确权，这一点非常重要，这也是市场经济的核心基础。正所谓恒产者有恒心，现实社会通过法律保障资产的权属，激励着物理宇宙中的人们努力从事生产和创作，形成繁荣的市场经济。在元宇宙世界中亦同理，通过技术和法律保证各类数字资产的确权，才能激发人们在元宇宙里的生产和创造，才能在元宇宙中实现分工协作，提高细分领域的生产力，形成繁多的元宇宙职业分工，从而产生大量的数字资产和数字商品，供更多元宇宙居民消费和娱乐。

其二，区块链可以实现价值（资产）流转趋向于零边际成本，推动元宇宙资产的自由流动。在信息互联网诞生之前，我们的通信成本是很高的，每分钟电话费都是很昂贵的，互联网最伟大的价值在于通过 TCP/IP 协议实现了信息流转趋向零边际成本，如此才有了我们当前繁荣的互联网生态。区块链作为一种新的协议，一种面向资产的协议，将实现价值（资产）流转趋向于零边际成本，未来在元宇宙中无论是物品、资产、宠物还是游戏道具、土地等等全都能明确资产的权属，这些资产是可以在元宇宙中实现快速流转的。比如，由 A 制作某个道具，出售给 B 应用在各个场景中，B 加工后又可以出售给需求者 C。极低成本的交易摩擦和充分的交易市场，将促进元宇宙数字经济的繁荣。

区块链是元宇宙的核心基础，一个元宇宙产品能否发展起来，主要看有没有经济系统的支持，能否给参与者带来利益，如果没人参与，就没有流量。沙盒游戏（Sandbox Games）尽管本身制作粗糙，但火爆非凡，其原因在于参与者能从游戏中获得大量的资产和利润。这正是区块链于元宇宙的价值和意义。

综上所述，区块链技术给元宇宙直接带来三个益处：第一，独一无二的数字身份；第二，去中心化的分布式经济体系；第三，个人数据完全属于自己。这三点带来的结果，是数字世界的信任感，如图 11.5 所示。

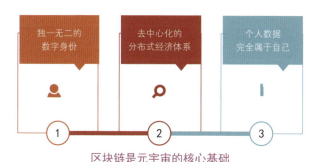

>> 图 11.5　区块链技术带给元宇宙的益处

Chapter 12

第十二章

元宇宙的通证经济：NFT

区块链进入NFT阶段，开启了数字内容资产化的新时代。元宇宙的经济系统支持来自NFT，NFT的数字内容加上区块链加密技术，能让数字内容版权得到有效的保护，使得元宇宙经济系统的规则得到有效的保证，让元宇宙中的资产拥有明确的权属关系。

第一节 通证

一、通证概述

在计算机领域，Token 的出现可追溯到 IBM 于 20 世纪 70 年代开发的一种网络标准，Token Ring Network 网络，中文译为令牌环网络。令牌环网络中的计算机节点只有在持有令牌的时候才能发送数据。在这里，Token 是作为身份的验证，它代表了一种权利或者说是权益的证明。到了互联网时代，也常用 Token 作为前端和后端交互的身份验证，比如我们常用的 JWT（Json Web Token）。因而有了网络通信中的"Token"，它的原意就是指"令牌、信令"。

随着区块链概念的普及以及以太坊的出现，让任何人都可以基于以太坊发行自定义的 Token。"Token"开始被广泛译为"代币"，并被人们接受。但其实，Token 可以代表任何权益证明，并不仅仅是货币，所以被译为代币是错误的。货币即权利，货币即政治，货币权利必须属于国家。因此，在元宇宙中，Token 正确的译法是"可流通的加密数字权益证明"，简称"通证"。

甚至，传统的积分以及线下的身份证、房产证、信用卡、用户积分、股票、债券、期权、期货，都可以看作是一种通证。通证，在本质上是一种权益证明。通证经济是指通过通证进行激励机制，将整个体系中的各个角色，通过通证将利益捆绑在一起，从而改变生产关系，产生一种全新的协作模式。

二、通证的属性

通证具有三个属性：通，可使用、可转让、可兑换；证，可识别、防篡改、技术共识；值，价值载体、社会共识。

元宇宙若要进行大范围扩张，必须保证用户能够控制自己的资产、身份和数据，在里面拥有自己独一无二的数字生活、工作、娱乐。而 NFT 作为一种受到广泛认可的加密协议，正是实现以上保证的核心基础设施之一。

借助 NFT 的力量，所有虚拟世界里的数字化物品将不再受第三方的控制和调配，因为 NFT 技术的核心便是"数字所有权"。不仅仅是艺术品、音乐、图像、个人身份、游戏资产、土地等任何具备价值的事物都可以被永久地记录在链上。

第二节 元宇宙与 NFT

一、Web3.0 与数字化资产

Web1.0 的特征是"可读"（Read），比如网易、搜狐等只能浏览，而没有交互功能；Web2.0 的特征是"可读＋可写"（Read+Write），像微博、微信这些社交网站的崛起，以交互和交流为特点；Web3.0 的特征则是"可读＋可写＋拥有"（Read+Write+Own），在 Web2.0 中，作者制作了一幅数字画发布到网上，其他人可以任意复制粘贴，原作者难以证明他对数字作品的所有权，而 Web3.0 中，具有资产认证功能，比如图片资产的认证或视频资产的认证等等，称为数字化资产，数字化资产写在区块链上，谁都无法篡改这个数字资产的拥有权，如果其他人要使用就需要向原作者申请一个确权，即一个使用权。

如果以硬件来看待 Web 发展的时代,可以说,个人电脑是 Web1.0 时代,智能手机是 Web2.0,VR、AR 和 MR 眼镜就是 Web3.0 时代。

当电灯出现时,电的主要目的是照明,后来人们发现电还可以有更多的用途,于是出现了冰箱、彩电、洗衣机等家用电器。因为有了电,人们开始创造发明各种终端用电工具。元宇宙也一样。当元宇宙系统和生态建立起来时,大量的应用会基于元宇宙创新出来,也就是说,元宇宙会激发更多的应用出现。

二、NFT 与元宇宙世界

元宇宙的数字世界分为三个层次:第一个层次是数字孪生,即现实世界到物理世界的数字化映射;第二个层次是数字原生,是数字世界里原生出来的,和现实世界没有对应关系,数字原生才是真正的元宇宙;第三个层次是虚实融合,数字原生与现实世界相互融合。为进一步解释元宇宙,借助马克思的雇佣劳动与资本理论,对数字世界进行类比划分:生产力就是 5G、算力、AI;生产资料就是自然数据、人类数据、物联数据、数字原生数据;生产关系就是区块链;区块链是将生产力和生产资料组合起来的技术,推动元宇宙向前快速发展。在这三者互动的过程中,NFT 扮演着至关重要的角色,如图 12.1 所示。

>> 图 12.1　NFT 与元宇宙世界

三、什么是 NFT

介绍完区块链，我们再看看基于区块链的 NFT 技术是什么。

NFT 是三个英文单词的开头字母，N 是 Non，F 代表 Fungible，T 是 Token，Non-Fungible Token 翻译成中文为非同质化代币（通证）。

非同质化代币（通证）从字面上看，让人难以理解，现用一个浅显的例子来说明：你手上有一本某位著名作家的作品，书价 100 元；我手上也有一本这位著名作家的作品，书价 100 元。那么，我用我手上的这本作品换你手中的那本作品，你不会反对，但是，如果你手中的那本作品有那位著名作家的亲笔签名，你就不愿意跟我换了，那本带有作家签名的书可能值十几万元，这就是非同质代币的概念，看起来是一样的东西，可是价值是不一样的。带有作家签名的作品是独一无二的。

现在我们就能明白，非同质化代币（通证）就是不可互相替换的代币（通证）。NFT 可以看作是虚拟资产所有权的电子认证或数字证书，它证明了你是原始数字或实物的唯一拥有者这一事实的真实性。其特征在于拥有独特、唯一的标识，自身不可分割，且无法两两等值互换，如图 12.2 所示。

《加密猫》是早期基于 NFT 逻辑的游戏，每只猫都有独一无二的特征组合，可用于交易、收藏。

NFT 本质上是一张权益凭证，它能够记录关于特定客体的初始发行者、发行日期以及未来的每一次流转信息。

数字音乐、数码照片、视频动画等数字作品，在交易平台上作为一个 NFT 出售，实践中称之为"NFT 数字作品"。NFT 就像一把钥匙，能够验证一件作品是否为原件或正本。

《Roblux》的虚拟货币 Robux 与法币的汇率

>> 图 12.2　NFT 是元宇宙的基石

第十二章　元宇宙的通证经济：NFT　　233

第三节　NFT 的原理及价值

一、NFT 的原理

NFT 是一项基于区块链的记账技术，记的是什么账呢？记的是资产。人类的资产核心可以抽象成两类。一类是非同质化的，此类资产不可拆分，两两不同不可等价，可以采用非同质化通证（NFT）技术来进行记账。常见的非同质化资产包括物理类的房产、土地等，数字类的票据合约、版权专利等等。NFT 可以简单地类比成房产证，将物理资产或数字资产的所有权以去中心化的数字认证形式记录在区块链上，就变成 NFT 了。拥有一个 NFT 就代表拥有"对应某个数字资产所有权"的电子证书。还有一类是同质化资产，指可以拆分，可以等价交换的资产，这类资产均可采用同质化通证（Fungible Token，FT）技术进行记账。FT 类的资产包括物理的货币、黄金以及数字货币、债权股票等。

二、NFT 的价值

现实中的货币、网络上的比特币等都属于同质化代币，因为你的一元钱和我的一元钱、你的一个比特币和我的一个比特币，是可以互相交换、没有区别的。而每一个 NFT 对应了一个具体的数字物品，比如一幅画、一个域名、一个游戏道具等，自然也就具有不可替换、不可分割、唯一性等特点。

任何新兴事物的出现，都伴随着一定的机会，目前 NFT 的价值主要可以理解为收藏品投资，由其链接的数字资料决定。

2021 年 3 月 11 日，佳士得举办了一场前所未见的数码艺术品拍卖会，放在以往，数码艺术品是没有办法进入到拍卖会中拍卖的，一个很重要的原因是数码文件很容易被复制，导致电子文件无法验证其出处与真伪。

图 12.3 所示的数码作品是一位美国艺术家 Beeple 的作品合集，Beeple 从 2007 年 5 月 1 日开始，每天都会在社群网站上传一张自己创作的数码艺术作品，不间断地维系了 13 年半，将它们集结之后产出 Everydays：*The first 5000 days*。2021 年 3 月 11 日，这幅数码作品，以近 7000 万美元（69346250 美元）的价格结标。

>> 图 12.3　Beeple 创作的 *Everydays: The First 5000 days* 数码作品

那么，图 12.3 和从网络上下载保存的图片，还有与拍卖会上的图片是不是看起来一模一样？不错，看起来确实完全一样，但是，如果要把这个图片跟拍卖会上的图片交换，作品拥有者愿意换吗？肯定不会，就像刚刚我要换那本带有著名作家签名的书一样，他人不愿意跟我换，因为价值不一样，没有独一无二的签名。佳士得会将 Everydays：*The first 5000 days* 图片和代表该幅图片所有权的 NFT 发送得标者的加密货币账号。该 NFT 基于区块链技术，存放了该数码艺术作品的元资料、原作者的签章，以及所有权的历史记录，以证明它是独一无二的。

这就是为何数码艺术品自从有了 NFT 的技术后，就可以进入到拍卖会中参与拍卖，因为人们可以知道作品的出处，可以将它视为一份独一无二的创作。

简单而言，NFT 是一个长时间累积下来，自带时间戳记和独一无二所有权证明的数字文件或作品。它可追溯所有权信息，也保证了数字作品的原创性和稀缺性。这一独特性质，让 NFT 成了孕育艺术发展的优质土壤，这也是 NFT 在艺术领域最先应用的原因。

元宇宙的开放性与区块链技术的去中心化特征完美契合，区块链技术支持下的 NFT 可以为元宇宙中的数字资产实现高效确权、交易。元宇宙是一个足够开放的世界，元宇宙中的每个原住民都将参与到数字新世界的构建，他们既是数字新世界的使用者，也是数字新世界的建造师，包括数字内容的创造者、爱好者、游戏开发者、消费者、收藏者等，这些创作者不仅构成了社区，同时也会分享社区带来的所有收益。

因此，在未来元宇宙中，数据资产将极为丰富，一套高效的确权、交易、利益分配等机制尤为重要。未来元宇宙中的应用应构建在区块链技术基础之上。区块链技术可以为元宇宙提供一个开放、透明、去中心的协作机制，与现今中心化的互联网平台不同，在未来元宇宙中，区块链技术赋能的经济模型将带来巨大而深远的影响。

三、数码艺术作品 NFT 过程演示

在 NFT 的发行里面会有一个发行者，这位发行者必须通过区块链上面的一些平台来铸造他的产品，例如发行者可通过平台（如佳士得）与区块链合作完成铸造，并且平台也会同步发行一份智能合约，记录这件艺术作品在整个区块链上是独一无二的创作。怎样验证它是独一无二的呢？区块链的特征之一是采用分布式的账本，不像传统的作品记录在一台中心化的主机里面，而是由整个区块链上数以百万计的电脑共同来记录，所以这一笔记录会被放到不同的电脑上，这些电脑我们叫作节点。每一个节点中都会记下今天有一幅作品通过这个平台产生的合约，生成一个区块

(Block)。这些区块接下来的每一笔交易都会再通过下一个区块去做串联，每一个 Block 连接起来之后，便形成了区块链（Block Chain）。

我们可以想象这一幅作品，如果有人想要篡改或窃取会发生什么状况？

必须要在同一时间能够修改数以百万计不同电脑上的记录才有可能实现，而这样的方式事实上是不可行的，因为在全世界有数以百万计节点在记录这一份分布式的账本，也正是因为这样的特性，确保了作品的唯一性和不可篡改性。

第四节　NFT 的发行和交易

一、如何参与 NFT

首先，必须有一个虚拟货币钱包，虚拟货币钱包就好比是我们的银行账户，分为 NFT 虚拟钱包和传统虚拟钱包两种。最大的差别在于 NFT 虚拟钱包是基于去中心化的，所以并没有一家银行或一个中央监管单位在管理这些虚拟货币，取而代之的是不同的电脑（称为节点），或者参与挖矿提供运算能力的人（叫作矿工）。他们保存着这些虚拟货币的运算资料。而传统虚拟钱包分为三种主要类型，第一种叫作中心化钱包，比较像传统的机构，有一个交易所，里面可以交易虚拟货币，然后提供一个交易的账户。第二种则是冷钱包，它是一种硬件装置，可以是一个 USB，上面记载着你的公钥跟私钥的密码，不用联网使用，当你需要存取的时候插入电脑或装置就可以存取钱包了。第三种则是热钱包，它只是一个 App 或者是一个装有专用程序插件的网页浏览器，需要时用私钥的密码就可存取货币。当然，以上的方法，在安全性和便利性上都有一些差异，用户可以根据需求选择合适的类型。

其次，是购入加密货币，有以下几个渠道：第一个是到中心化的机构中直接兑换；第二个是可以像买卖股票一样，买卖双方在中心化的交易系统中设置价格，然后撮合成交；第三个是采用 P2P 的方式直接交易。

最后，需要选择一个发行 NFT 的平台，可以自己去建一个公有链，如 NBA Topshot 采用的模式，也可以选择主流的以太坊，上面有许多公开发行的平台，就可以在这些平台上发行 NFT。

二、NFT 的发行和交易平台

NFT 的发行和交易平台有很多，以下列举三个典型的平台。

1.OpenSea

OpenSea 是老牌的 P2P 的 NFT 发行平台和交易市场，类似于 NFT 领域的淘宝。该平台用户入门门槛低，发行 NFT 非常简单，用户只需上传一张图片，提供一些描述，就可以免费生成 NFT，它允许任何人创建 NFT。同时，OpenSea 也是一个交易市场，包括加密艺术品、域名、虚拟物品、卡片、虚拟地产、游戏资产等各种 NFT 商品都可以在上面进行交易，是目前拥有 NFT 商品种类最丰富的平台。

2.SuperRare

SuperRare 是目前比较有名的 NFT 艺术收藏品发行交易平台，用户可以在平台上发布、收集、交易 NFT 艺术品。但这个平台和 OpenSea 不同，OpenSea 平台无须许可，任何人都可以成为创作人，比如我们画了一幅画，就可以在 OpenSea 平台上上传并发行 NFT。但 SuperRare 有白名单制度，只有通过审核的创作者才能进行 NFT 创作，保证平台上的艺术品的价值。在该平台的页面上可以查看他人购买、创造动态。

3.Rarible

Rarible 是一个比较有名的基于以太坊的综合 NFT 发行和交易平台，任何用户都无须编程技能即可创建和销售数字收藏品。该平台是一个开放源代码的非托管平台,供用户创建和销售受区块链保护的数字收藏品。

　　国内的互联网企业也纷纷开发 NFT 的发行和交易平台,但出于监管考虑目前暂时没有开通交易功能。比较著名的有阿里巴巴的鲸探(蚂蚁链粉丝粒),从五花八门的数字藏品品牌排行榜都不约而同地将鲸探列为榜首就可以看出其在行业不可撼动的龙头地位。即便有平台在鲸探之前发行过数字藏品,但聊起中国数字藏品平台的起点,资深藏家仍会公认是 2021 年 6 月 23 日在鲸探前身支付宝小程序"蚂蚁链粉丝粒"内发行的敦煌飞天系列,该系列已经成为中国数字藏品行业被广泛认可的旗帜。

　　由上可见,利用专业的 NFT 发行和交易平台生成 NFT 的过程很简单,其价值不在于生成过程,而在于社会的认同价值。

Chapter 13

第十三章

元宇宙的智能合约

智能合约通过牺牲部分自由的方式实现在区块链、元宇宙中的信任,推动元宇宙中经济系统和自治系统的建立。

第一节　智能合约概述

一、智能合约与传统合约

对于合约，我们并不陌生。当人与人之间需要建立某种关系的时候，为了让这种关系更具有约束效力，一般双方就会签署一份合约。一旦发生纠纷，合约就是双方建立关系以及一系列约定的有效凭据。

但是，现实中的合约或许可以在发生纠纷的时候保障自己的权益，却不见得可以预防纠纷的发生。毕竟，执行工作的依旧是人。如果有这么一种程序，在双方制定合约后，就可以根据设定好的程序自动执行双方约定好的工作，那么是不是就可以减少许多纠纷呢？这就是智能合约的运作模式。

早在 20 世纪，美国著名的计算机专家尼克·萨博（Nick Szabo）就提出了这种理念。在他眼中自动售货机有着不一样的魅力，当我们去自动售货机购买商品时，我们只需选择货物，付款，售货机就可以自动完成结算并出货，这就是在两者之间创建了一种强制执行的合约，虽然我们看不到内在的工作机制，但我们都知道，你不付钱，就不会有东西出来。尼克·萨博就是根据自动售货机的灵感提出了智能合约的概念："一套以数学形式定义的承诺，包括合约参与方可以在上面执行这些承诺的协议。"

如果将这样的模式推广到其他交易中，就可以减少交易成本，并在一定程度上避免违约与欺诈。但可惜的是，理念虽然很先进，但是当年有限的技术并无法提供智能合约落地的场景。直到区块链技术的出现，才使得智能合约的应用得以落地，而以太坊的发展则让智能合约得到了普及，毕竟，以太坊是目前最受欢迎的合约编写平台。

智能合约的出现为元宇宙带来了怎样的影响？

用个例子来说明，老狐狸向小白兔借了 50 元，并约定 15 号还，然而到了 15 号那天老狐狸赖账不肯还小白兔钱,当然小白兔可以寻求法律的帮助。不过小白兔想,为了 50 元钱而动用法律手段太麻烦,只好算作花钱买教训了。而如果是智能合约规定了老狐狸还钱,由于区块链技术不可篡改、去中心化、透明可溯源的属性,这个约定是任何人都不能改变的。到了 15 号的时候,智能合约就会自动从老狐狸账户中转 50 元到小白兔的账户中。也就是说智能合约为交易和交互提供了自动执行的规范协定,在元宇宙中,智能合约可以作为元宇宙文明体系的基础。智能合约可以充当法官、中央银行、保险等社会经济的重要组成,这也为去中心化元宇宙提供了中央的协调机制。

二、智能合约的特征

与传统的合约相比,智能合约有三大特点。

1. 合约公开透明

智能合约部署在区块链上,其合约内容自然是公开透明的。

2. 合约不可篡改

同样,因为部署在区块链上,智能合约的内容是无法被修改的。区块链不可篡改的特性致使智能合约通常情况下是不可修改的,除非得到区块链中超过 51% 的节点同意才能修改,这基本上是不可能的。

3. 合约的匿名性

智能合约各参与方可以是互不认识的,任一节点均可公开查询智能合约参与者交易记录,但无法得知参与者的详细个人信息,保障了参与者的隐私安全。

三、智能合约的概念

智能合约(Smart Contract)是一段存储于区块链之上的计算机代码,

可以用作各种业务签订协议的现实合同。智能合约的主要优势在于它们不需要律师这样的中间人来执行任何谈判。合约参与者可以自行创建智能合约，并在满足包含的条件后自动执行。智能合约的流程和一个自动可乐售卖机基本一致：

① 制定合约：各方就条款达成一致，编写智能合约代码。
② 事件触发：事件触发合约的执行，比如有人发起交易。
③ 价值转移：执行合约，根据预设条件，进行价值的转移。
④ 清算结算：如果涉及的资产是链上资产，则自动完成结算；如果是链下资产，则根据链下的清算更新账本。

智能合约改变了传统交易中的信任模式，不再需要交易双方互相信任，甚至可以不知道交易对手的身份，智能合约的信任模式是一种"机器式契约信任"。

第二节　智能合约的价值

一、智能合约的应用场景

1. 艺术品

智能合约赋予 NFT 一个最重要的特性，在于它能够自动化执行，可以持续地创造中间价值与利益分配。举例来说，发行者发行一个作品之后，可能有一个买家 A 有意向购买，传统的艺术画作是当买卖交易完成之后，画作后续的流转就与原创者无关了。但是智能合约会为原创者带来持续的价值和利益分配。当画作在第二次交易时，即 A 卖家卖给 B 买家时，假设 A 和 B 交易的价格是 200 万元，这 200 万元的交易费用构成为：原创者 10% 的版税（创作者会在第二次交易时拿到 20 万的版税收入），2.5% 的中介费（即 5 万元）给交易平台，剩余 200 万的 87.5% 才是 A 卖家得到的交易收入。

从上面的介绍可知，通过智能合约的自动交易，原创者可以获得一个持续性的收入，而不只是一次性的交易收入。智能合约对 NFT 来说，其影响还不仅限于艺术品领域。

2. 房产

读者朋友可以把自己想象成为一家房地产开发商，当你将一套房子卖给 A 买家时，它是一个传统的交易。可是在元宇宙中，当 A 将房子卖给 B 时，交易额中会有 10% 给到房地产开发商手中，这时你盖房子的逻辑可能就不一样了，因为你会考虑这套房子如何能持续地交易下去，它交易的次数越多，你就能获得越高的收益。这是突破传统的交易逻辑。

3. 设计

各位再想想，还有哪些行业也存在着这种可能？你是一个知名的室内设计师，因为你的设计图都是杰作，其他设计师就会购买你的设计图作为参考和借鉴，按照实际户型修改一下变化的部分。当其他设计师用你的图时，你可以收到 10% 的版税。

4. 数据

你还可以联想到很多，比如医疗。现在很多人都佩戴智能健康设备，在你睡觉时，这些智能健康设备会自动收集你的睡眠数据，你有没有意识到这些睡眠数据是可以用来交易变现的？医疗健康研究机构在做睡眠研究时，需要大量的睡眠数据做参考，如果把你的睡眠数据做成一个 NFT，就可以将它出售给医疗健康研究机构，然后你每交易一次，就可以收到一笔款项。所以智能合约可以应用在很多不同的领域，而不只是艺术创作，智能合约改变了整个交易价值链的形态。

5. 视频

最有名的一个案例是一张勒布朗·詹姆斯（LeBron James）的数字球星卡以 7.5 万美元的价格在收藏游戏 NBA Top Shot 上售出，借助区块链技术，每张数字球星卡都有其独特、不可复制的识别信息，保障了球星卡的真实性，这是数字球星卡价值体系中最重要的一环。只有一张真实的球星卡，其稀缺性才能得到评估和认可，进而形成自身价值。对于詹姆斯的球迷来说，愿意高价买下这张记录了偶像精彩瞬间（时长 24s 的詹姆斯灌篮影片）独一无二的球星卡。目前，该卡的成交价格已经达到 20 万美金以上。

数字球星卡可以避开几个问题，第一个是仿冒，因为它是由官方 NFT 通过区块链发行的。第二个是延长了保存期限，因为传统的印刷纸卡会随着时间产生很多的风险，可能会丢失，可能会有盗版，可能会损坏发黄，这些都会影响它的收藏价值，而数字球星卡则不存在这样的问题。

聪明的读者，你一定会有个疑问：为什么这些可以在视频网站或社交网站上看到、保存的影片会如此火爆，并且被卖出几十万美元？

如果你去网上搜索蒙娜丽莎的画作，会发现数以百万幅画质不一的图片，你可以从中挑选出最喜欢的一张，但你并不真正拥有它，因为原版作品仍在巴黎。而数字化则让 NBA 授权的原版视频的所有权就在你的手上。数字球星卡交易价值的核心不是卡片本身，而是代表其所有权的数字通证。

有的人是因为个人喜爱而收藏，有的人则是因为投资，最便宜的数字球星卡只要 9 美金就可以买到，而购买之后价格有可能就会上涨 100～200 倍甚至更多，这些都是吸引大众参与的理由。

价值互联网除了上述典型的 NFT 应用就够了吗？这只是非同质化通证技术落地初期的表现。房屋、汽车、品牌名称、知识产权、专利、权益凭证、会员卡、域名、商标、身份证、学历、医疗记录、票据等资产都可以用非同质化通证（NFT）技术来标记。即其所有权证明将被记录在区块链上，比如现在就已经有非常多的假毕业证书、假身份证明、假票据、假医疗记录存在了，要如何去验证？不用再通过人工的方式，而是通过区块链上面的时间戳记与发行单位去做验证。

二、智能合约的法律问题

1. 可信数据

智能合约是一种以计算机代码形式存在并自动执行的交易协议,其首先要求合约中的数据来源是非常正确的,这样才能保证执行结果的正确性。2019年12月19日,杭州互联网法院对全国首例智能合约技术应用于中国司法领域的案件进行了公开宣判,"本案审理要点在于智能合约全生命周期上链存证的司法认定。"该案承办法官表示,该案中平台使用的自动信息系统接入了杭州互联网法院司法区块链,各方当事人在线下单、签订合同、交付标的、逾期支付租金、发送通知等行为均自动在司法区块链进行了存证,确保了电子数据全链路可信、全节点见证、全流程记录的可靠性。以该案为例,交易双方要约、承诺、签约、履约、违约、催告等行为通过智能合约系统实时记录在司法区块链,实现了交易链路全流程自动存证和执行。一旦一方的违约程度达到了程序预设的标准,智能合约系统就会自动转入纠纷解决的司法流程,实现了无人工干预、无外部因素干扰。

2. 合约主体行为能力

《电子商务法》第四十八条规定:"电子商务当事人使用自动信息系统订立或者履行合同的行为对使用该系统的当事人具有法律效力。在电子商务中推定当事人具有相应的民事行为能力。但是,有相反证据足以推翻的除外。"在区块链网络上确认智能合约相对人的行为能力成本高、难度大,且不利于区块链网络和智能合约的发展,因此应当参照我国《电子商务法》的规定,推定在没有反证的情况下智能合约相对人具有行为能力。

3. 撤销权、解除权等权利

智能合约利用区块链去中心化、匿名和不可篡改的特性建立了高效的自动执行化合约,同时限制了传统合同法领域中撤销权、解除权等权利的行使。如果合约参与者认为合约存在重大误解、无效等情形,应当通过法院、仲裁机构行使或确认，同样行使解除权也应当通过法院、仲裁机构行使。

4. 刑事风险

技术是中立的，但智能合约技术被用于非法目的同样应当接受法律的制裁。2020年，浙江温州瓯海警方破获全国首例利用区块链"智能合约"犯罪案件，犯罪团伙假冒火币网名义组建社交聊天群并在群内发布"搬砖套利教程"，利用虚假HT"智能合约"非法获取受害人虚拟货币数万个，涉案价值高达1亿余元。2021年，江苏盐城警方破获全国首例利用区块链合约技术开设赌场案，犯罪嫌疑人发布一款"Biggame"的赌博App，宣称使用了区块链智能合约技术保证开发者无法出老千，并把区块链智能合约技术运用到了每一场赌局当中。

三、元宇宙的法律和伦理

随着元宇宙的不断演进，我们需要冷静思考元宇宙导致的公平和正义问题，思考在元宇宙如何处理法律和伦理。我们必须要去构建一个以人为中心的元宇宙，而不能背离、贬低或摧毁人类的尊严。这是一个底线。

如何预防技术创新和变革给人类社会带来的负面影响？虚拟形象与现实中的人是什么关系？法律责任怎么界定？一个人可以设置多个虚拟形象吗？可以制造别人的虚拟形象吗？这些问题都会大量出现。另外，数字资产应该适用什么样的法律？权益如何保护？数字虚拟有没有性别？需不需要性别？如何设置性别？要不要创造新的法律？还是通过技术就可以解决？

另外，当我们在元宇宙创造数字人时，可不可以把思想、思考数据化以后放到元宇宙中得以"永生"？能不能一键把人的思想传给数字虚拟人，缩短学习过程？在热热闹闹的元宇宙话题讨论中，要不要做一些冷静的思考？元宇宙的风险原则是什么？社会问题、数字鸿沟等如何解决？

当我们能同步讨论这些问题时，就有可能更有效地保护元宇宙健康发展。

　　一个全新的元宇宙时代已经到来。我们正在拥抱一个 VR、AR 和 MR 构建的元宇宙时代的初级阶段，往后肯定会创造出超越 VR、AR 和 MR 的终端。元宇宙不会像"第二人生"那样消失，它会以一个更新的形态进入我们的生活。移动互联网用户在全球达到几十亿时，人们广泛接受数字化生活方式，大量的以数字经济为核心的信息技术、数字技术、智能技术都在同步迭代和发展。当技术沉淀到这一步时，一个以元宇宙为主题的新的产业变革会迎面而来。

Chapter 14

第十四章

元宇宙应用

元宇宙的应用已经渗透到各行各业,比如教育领域、医疗领域、工业领域、游戏领域、数字藏品……甚至对某些传统行业产生巨大影响。为贴近现实,这里向大家介绍的元宇宙应用均为各元宇宙公司官网发布的应用案例。

第一节 教育

一、职业培训

1.VR 应用之职业技能实训

图 14.1 是 HTC 为航空公司量身定制的 VR 航空互动实训课程,目前已经在为国航和海航两家航空公司服务,帮助培训工作人员。课程涵盖模拟多款飞机外形、客舱和机场环境以及相关设备,并做到真实还原,按照 1∶1 的比例进行模拟。还原飞机上各种设备的功能和布局,按照真实环境下的设备使用、布局结构进行模拟。所有实训内容按规范的操作流程进行设计,严格按照乘务员手册进行操作流程模拟和场景模拟。

>> 图 14.1　VR 职业技能实训

传统安全培训普遍以说教为主,内容枯燥、手段单一,体验性、警示性不足。而开展大规模的安全演练需要场地、设备、资源的投入,一些必要的安全培训由于人身安全因素又很难组织开展。这些问题的存在大幅削减了安全培训的效果,造成人们安全意识普遍不高、安全知识缺乏、应急处置能力不足,使得安全事故频发,造成人身伤害、财产损失、经济损失严重。针对传统电力安全培训中练不了、练不起的复杂高危环节,结合

VR 技术特点，打造专用的电力安全 VR 培训系统，如图 14.2 所示。

>> 图 14.2　电力安全 VR 培训系统

2.AR 应用之职业培训

在进行设备组装和维护时，将经验丰富员工的最佳实践和工作步骤捕获成分步程序，将这些见解转化为可重复使用的流程文档、工作帮助和培训材料，为新员工提供数字化工作指导，使员工培训现代化。图 14.3 展示了 Magic Leap 眼镜用于职业培训的场景。

AR在工业制造领域职业培训场景的详细应用

>> 图 14.3　快速获取专业知识并将其扩展到更多员工

二、教育培训

1.VR 应用之教育

HTC 开发的 VR 未来科学课堂，基于美国著名教育学家杜威的"儿童中心""活动中心""经验中心"教育思想、STEAM（科学、技术、工程、艺术、数学）全素质教育理念，利用高科技 VR 互动技术实现"全沉浸教学"，为 5~12 岁孩子量身打造"虚拟+现实+实践+娱乐+社交"、线下线上相结合的创新型综合未来科学课堂，如图 14.4 所示。

>> 图 14.4 VR 未来科学课堂

VR 未来科学课堂整合了物理、化学、生物、天文、地球科学五个学科的基础知识点，用 VR 技术淋漓尽致地表现出来，让孩子能沉浸其中。三年共 144 个 VR 科学主题、500 多个实验、1200 多个英语单词。

2.MR 之教育培训

通过混合现实设备，教育工作者、培训师、雇主和其他用户无须任何编码或高级技术知识即可创建交互式和身临其境的课程，使学生能够以 3D 方式学习，并轻松与其他学生和教师合作，以获得所需的支持，如图 14.5 所示。

>> 图 14.5　通过身临其境的课程和体验来学习

借助混合现实，教育工作者可以帮助学生更好地理解复杂的学科知识，如解剖学、分子化学、建筑设计等，使学生能够通过空间可视化更好地理解核心概念。

三、虚拟情景学习系统

HTC 开发了 VR 英语学习中心教学课程，利用 VR 多感知性的特点，使学生在一个身临其境的环境下学习英语，沉浸在虚拟现实中，不直接面对老师或客户，从而克服心理障碍，以做到"开口说话"。VR 情景化教学，使学生通过识、听、说、读全方面记忆专业词汇；模拟真实职场场景，实现情境交互，采用人机对话模式，模拟职场客户服务，使学生更好地将学习内容运用于实践；大幅提升学生的英语应用能力，帮助学生成为更有竞争力的受市场欢迎的毕业生，大幅度提高学生就业和未来职业发展品质，如图 14.6 所示。

>> 图 14.6　VR 酒店英语学习系统

第二节 巨幕影视与娱乐

一、VR 应用之巨幕影视

手机、电脑的屏幕太小,而搭建家庭影院的成本又太高,不如试试 VR 设备。戴上 VR 眼镜就像在影院的凳子坐下,前后左右都是影院的凳子,面前是一块接近 200 英寸的影院大屏幕,如图 14.7 所示。

>> 图 14.7　爱奇艺奇遇 3 VR 眼镜观看影视剧效果

如果说在手机、电脑等设备上看电影叫点播,那么在 VR 眼镜上应该叫放映——它会模拟出一个电影院来播放电影。VR 设备所营造的沉浸感,是在电影院中熄灯享受电影的氛围沉浸感。

二、AR 应用之巨幕影视

戴上爱普生 AR 眼镜 BT-40,无论是在地铁上还是躺在家中,智能设备显示画面都会跟随头部移动而移动,不用总盯住某一处看,减缓脖颈疲劳,让观影更轻松。AR 眼镜 BT-40 可以通过 Type-C 传输线缆连接到手机等智能设备上,手机等智能设备的视频能传输到 AR 眼镜上,用户能看到高达 5m 120 英寸的巨幕,带来影院级别的影音体验,如图 14.8 所示。

>> 图 14.8　爱普生 AR 眼镜 BT-40 带来影院级画面显示

三、AR 应用之娱乐

整个 AR 技术与娱乐有着天然的融合优势，图 14.9 是微软 AR 眼镜 HoloLens 2 应用于娱乐的截图。

>> 图 14.9　AR 眼镜 HoloLens 2 应用于娱乐

第三节　医疗

一、Magic Leap 眼镜

通过混合现实查看器软件和专用查看硬件的组合观看患者的解剖图像并与之交互，你所处的房间被数字化处理后以进行空间计算，并且借助 Magic Leap 空间计算平台，患者的 3D 解剖图像从屏幕上的 Elements Viewer 软件传输到你所在的房间中，如图 14.10 所示。Magic Leap 眼镜最多支持 4 位用户与逼真的患者 3D 解剖图像进行交互。

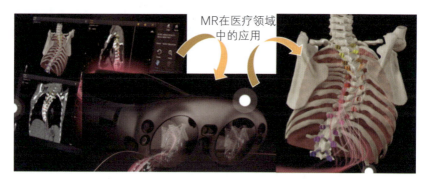

>> 图 14.10　患者的解剖结构图呈现在您的房间中并能与之互动

二、HoloLens 2 眼镜

借助 HoloLens 2，医疗保健专业人员可以远程与专家保持联系，调用护理点的医疗数据，查看三维 MRI 图像。不仅提高了团队的工作效率，还改善了患者的治疗效果，缩短了护理时间，如图 14.11 所示。

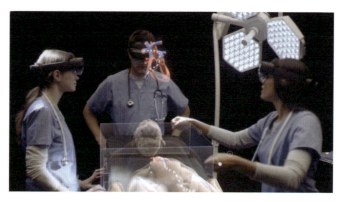

>> 图 14.11　AR 眼镜 HoloLens 2 应用于医疗领域

第四节　游戏与旅游

一、VR 应用之 VR 游戏

通过虚拟现实技术将玩家带入游戏世界中，实现穿越时空的沉浸式体验。在游戏中，设置有盾牌、手枪、冲锋枪等功能和性能均存在差异的道具，如何合理搭配发挥武器的特长，是成功通关的关键。VR 游戏支持多种体感设备，包括体感背心、体感手套、体感枪支等全套反馈设备，为玩家带来最真实的体感反馈，真正做到身临其境，如图 14.12 所示。

>> 图 14.12　VR 游戏

二、VR 应用之 VR 旅游

相信大家都有过这样的体会：这个景区冬天很美，夏天也很美，到底应该什么时候去玩呢？VR 旅游不需要考虑时间和地点，通过硬件设备就能置身于场景中，进行一次感官体验，通过 VR 沉浸式体验，游客可以突破时空的限制，一次性游览不同季节的风景，身临其境般地享受跨时空的感觉，让整场旅游没有缺憾。VR 技术还可以让消逝的美景重现，圆明园被烧毁后失去了当年的宏伟，但我们可以使用 VR 技术准确还原未烧毁前的圆明园，让更多想了解古迹的人，真实感受到圆明园的宏伟壮观。

　　HTC 为新疆乌鲁木齐旅游局丝绸之路游客集散中心定制开发的 VR 景区游览内容，在现实旅游景观基础上，先期利用无人机在果子沟大桥进行信息和数据的现场采集，利用三维技术进行后期还原。结合 VR 交互技术将现场重建，结合动感平台让用户能够交互式漫游，欣赏果子沟大桥的雄伟壮丽。利用虚拟现实技术，构建一个虚拟的三维立体旅游环境，体验者足不出户，就能置身于逼真的虚拟环境中遍览遥在万里之外的风光美景，如图 14.13 所示。

>> 图 14.13　　VR 游览新疆伊犁果子沟大桥

第五节　虚拟社交与虚拟会议

一、VR 应用之虚拟社交

　　元宇宙社交的底层逻辑，在于打造一个独立于用户既有的现实社会社交关系、基于用户兴趣图谱的社交元宇宙，帮用户建立起一个平行世界的社交网络，从而更自由、酣畅地表达。

元宇宙社交将基于图文、音/视频的社交形式转化为基于真人化身、可实现集体交互的社交，真实感强。用户以虚拟化身在虚拟世界生存，所有体验都围绕虚拟化身展开。开放的虚拟化身设计让用户摆脱现实中天生的外形，而追求更强的自我认同。不同的化身一方面增添了社交的趣味性，另一方面增强了用户在自我呈现上的自信，如图 14.14 所示。

>> 图 14.14 Pico Neo3 虚拟社交演示

二、VR 应用之虚拟会议

如果将 VR 设备视为打开元宇宙大门的钥匙，那么这扇门的后面，除了娱乐、社交、购物外，办公是否也可以成为一个重要的应用场景？办公人士的工作场景会被元宇宙改写吗？

答案是肯定的。2021 年 8 月，Meta 推出了以企业为中心的虚拟协作平台 Horizon Workrooms，使用户在 VR 环境里举行会议。相似地，还有苹果收购的一家虚拟现实公司 Spaces。该公司的 VR 技术可以实现以虚拟化身进入 Zoom 会议。网易伏羲公司发布瑶台沉浸式会议系统，如图 14.15 所示。在 VR 会议场景中，用户可以随心打造专属虚拟形象，并实时控制虚拟人物的面部表情和肢体动作。活动主办方可以量身定制虚拟活动场景和会务功能，满足多样化活动需求。

>> 图 14.15　虚拟会议演示

第六节　看房与工程施工

一、VR 应用之 VR 看房

体验者可在 VR 智能样板间中随意换模型、任意改材质，实时展示修改替换后的家居场景，达到身临其境的效果，满足"眼见为实"的需求，如图 14.16 所示。

>> 图 14.16　VR 看房体验

通过 VR 引擎的深度学习技术，可渲染生成 VR 样板间互动场景，利用 VR 自由互动，无须耗费巨资构建线下实体样板间，即可构建同等体验效果的家居样板间场景。在展示家居户型方案时，VR 智能样板间带有多种模拟现实交互效果，通过沉浸式情景体验，给"未交房"和"软装未落地"的业主带来提前入住未来家的体验。

二、AR 应用之工程施工

利用 HoloLens 2，为建筑工地提供建筑预可视化和设计审查的 AR 平台，建筑、工程和施工人员将建筑信息模型（BIM）和计划带入现实世界的空间，为客户和建筑商提供直观形象的理解，以加快设计速度、降低返工率，如图 14.17 所示。

》 图 14.17　工程施工现场可视化 3D 设计

第七节　3D 模型与视频

一、3D 模型

1.AR 应用之 3D 模型

HoloLens 2 可以适配双手，让全息图可以像实物一样做出反应，以自然的方式完全契合手部移动，准确进行手动跟踪、触摸、抓握和移动全息图，如图 14.18 所示。

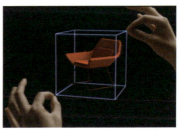

>> 图 14.18　HoloLens 2 应用之 3D 模型

2.AR 闪卡

AR 技术最基本的展现形式就是 3D 模型（静态或动态），比如动漫人物、建筑、展品、家具等，其主要应用于 AR 闪卡、早教卡、宜家的 AR 家具 App 等。因为开发成本低，因此这类形式有着广泛的应用场景。它是在 3D 模型的基础上进行叠加实现的，因为场景里包含的内容较多，所以它的实现难度也会更高。AR 场景的展示是基于现实的，这也是 AR 技术的魅力所在。

AR 闪卡配合卡牌识别 App 使用，AR 卡正面为角色图，背面为二维码，使用卡牌识别 App 扫描二维码则会出现正面角色的 3D 立体形象，该立体角色有动作、语言、特效，如图 14.19 所示。

>> 图 14.19　AR 闪卡产品示例

二、AR 应用之视频

相对于简单的 3D 模型，酷炫的视频展示无疑更能博人眼球。在商业运营中，这种展示方式带来的经济效益会更好。比如，本来是普通的产品安装说明、菜单讲解、宣传单介绍，一旦应用 AR 技术，它就不再是一张平面的图片，而表现出立体形象了，表述也变得准确生动起来，有一种魔幻的感觉。在类似的场景应用中，AR 技术都有巨大的市场空间可供挖掘拓展。在这里，需要提醒的是，利用 AR 技术实现视频播放并不难，难的是制作一段适合 AR 情景播放的宣传片，这就需要设计师脑洞大开、细心雕琢了。

透明视频也是 AR 的一种，由网易出品的和风手游阴阳师中，"式神舞蹈"以及"现世召唤"这两个板块，就是运用了 AR 技术。这种处理方式比 3D 模型成本低，只要设计得当，展示效果就会非常逼真，如图 14.20 所示。AR 技术在游戏领域的运用远不只此，目前市场上还有类似于《小龙斯派罗》这类纯 AR 游戏存在。

》 图 14.20　AR 视频展示

第八节 虚拟世界

一、Decentraland，基于以太坊的 3D 虚拟世界

Decentraland 作为区块链上完全去中心化、由用户所拥有的虚拟世界，每天都会有大量的活动出现，包括艺术展、音乐节、游戏竞赛、企业发布会等。2021 年，美国 80 多位艺人就以虚拟形象在 Decentraland 举办了一场演唱会。

在 Decentraland 中，用户可以随意构建自己的虚拟土地，控制世界的环境和内容，还可以浏览和探索内容，进行各种不同的活动，并与其他人和实体互动，如图 14.21 所示。由于该游戏完全构筑于以太坊 - 区块链技术框架上，因此所有虚拟物品都被所有者永远持有并与法币进行兑换。

>> 图 14.21 Decentraland 虚拟世界

二、The Sandbox，基于以太坊的虚拟世界

The Sandbox 是一个基于区块链技术开发的虚拟游戏生态系统，它以虚拟世界为主打特色，玩家可以在游戏中建立、拥有和赚取专属利益。在业内，The Sandbox 属于典型的 Play to Earn（边玩边赚）模式。与传统游戏不同，玩家或艺术工作者、游戏设计师可以通过 The Sandbox 提供的免

费软件，例如 VoxEdit 和 Game Maker 为自己打造数字资产和应用，例如艺术画廊、3D 模型甚至游戏。用户可以用平台币 SAND 购买、构建和参与游戏。地块 LANDs 便是游戏中的数字"领地"，每个地块都由 NFT 所支持，如图 14.22 所示。

>> 图 14.22　The Sandbox

NFT 为游戏带来了全新活力，所有被打造出来的数字资产都能与他人分享或出售，从而获得利益。在 The Sandbox 打造的元宇宙世界里，玩家可以通过做任务来赚取 SAND 币，而 SAND 币可以用于创建、购买和质押数字资产。值得一提的是，The Sandbox 还推出了土地的概念，而这也是该平台当下最主流、最受欢迎的数字资产，其虚拟土地市场的繁荣已超过了很多人的想象……

第九节　NFT 数字藏品与去中心化游戏

一、无聊猿（BAYC）NFT 数字藏品

极其昂贵的像素化卡通人物、动漫主题艺术和卡通动物正日益成为

加密投资者的首选头像。其中，无聊猿（BAYC）是最具标志性的，在短短一年多的时间里就成了一个价值数十亿美元的品牌。

BAYC 全称是 Bored Ape Yacht Club，是由限量发行的一万个猿猴 NFT 组成的收藏品，每个猿猴的着装、造型都不尽相同，如图 14.23 所示。

>> 图 14.23 无聊猿（BAYC）

2021 年 8 月 27 日，NBA 球员斯蒂芬·库里（Stephen Curry）在推特更新了自己的头像（一个穿着粗花西装的 BAYC NFT），该头像共花费 18 万美元（55 个以太币，约 116 万元人民币）。

二、去中心化回合制策略游戏 Axie

Axie（中文社区喜欢称为阿蟹）全称是 Axie Infinity，是一款以区块链技术为背景的、通过收集宠物进行战斗的游戏（TCG）。Axie 是第一个推出的移动应用版区块链游戏（手机端）。玩家操控 NFT 小精灵 Axie 进行战斗，打怪胜利即获得药水（SLP），SLP 实际上是游戏运行的令牌，当玩家赢得一场战斗时，玩家会获得 SLP。SLP 可以在已上线的交易所进行兑换,也可以喂养玩家的 Axie 进行繁衍,进行宠物销售。图 14.24 显示了 Axie 官网。

>> 图 14.24 Axie 官网

通过以上介绍,我们知道,当今的元宇宙应用更多是面向消费者和规模用户市场的 2C 场景。出现最多的形式是数字人在不同场景中的体验和交互,用数字人去娱乐、学习、购物、旅游。这种互动会带来各种应用、创造内容,推动元宇宙的发展。

随着 2C 场景应用的多样化,元宇宙应用会渗透进 2B 场景,形成 2C 与 2B 的交互和融合。例如:在元宇宙中可以实施生产流程的设计,可以轻松地用手指去拖拽生产设备,通过虚拟世界仿真模拟,可以优化生产效率,提高生产安全性。还可以在元宇宙创造仿真环境,模拟现实中的生产流程,来观察生产流程是否可行、效率是否提高,这可以显著提高生产流程精细化程度,达到高质量、高效率。因此,元宇宙在生产领域中大有作为。

在产品设计方面,元宇宙可以通过构建开放的互动产品设计平台,把消费者、生产者、设计师,甚至批发商、零售商集成在一处,一起去众创产品,甚至产品生产的过程。虚拟空间的平台更容易支持众包模式的产品设计,也可以更加快速地反馈产品设计效果,让产品设计快速迭代。通过元宇宙规模化的协同,产品创新体系能够演化得更快。

除了具体产品的生产和设计，元宇宙还可以提供全供应链的可视化。也就是说，客户可以在仿真环境中看到全产业链的数字孪生体系。在 3D 或 4D 系统中，产品生产、流转、交付，甚至物流，都可以通过数字化将可视化提高到前所未有的高度。

在未来的智能经济或智能制造领域，元宇宙的应用空间非常广阔。通过元宇宙提供的虚拟环境，不需要真实生产、设计或者制造，就可以模拟出全流程，能够更好地匹配消费端，帮助人们做好消费或决策，做到真正意义的按需定制。

通过 2C 场景和 2B 场景全链条打通或互动，元宇宙会帮助数字经济获得更高级的发展，创造全新的智能经济，通过生产、制造与消费零售完美结合，不仅激发了新的经济增量，还催生出当今不能预想到的创新产品，让产品生产制造进入新的发展阶段。

参考文献

[1] 张俊雅. 2022 年中国元宇宙产业系列研究报告——基础设施篇：5G 与 6G 应用解析 [EB/OL]. 头豹研究院，2022-1.

[2] 资产信息网. 2021 元宇宙行业发展研究报告 [EB/OL]. https://zhuanlan.zhihu.com/p/420119596，2021-10-11.

[3] 刘革平，等. 从虚拟现实到元宇宙：在线教育的新方向 [J]. 现代远程教育研究，2021，33（06）.

[4] 许英博. 元宇宙：人类的数字化生存，进入雏形探索期 [EB/OL]. 中信证券研究部，2021-9-12.

[5] 刘泽晶. 元宇宙下一个"生态级"科技主线 [EB/OL]. 华西证券，2021-9-8.

[6] 陈梦竹. 元宇宙专题深度——未来的未来 [EB/OL]. 国海证券研究所，2021-11-18.

[7] 许英博. 科技行业"从游戏到元宇宙"系列报告 4：Quantic_Dream，互动电影游戏的头号玩家 [EB/OL]. 中信证券，2021-9-30.

[8] 王儒西，向安玲. 2020—2021 年元宇宙发展研究报告 [EB/OL]. 清华大学新媒体中心，2021-09-16.

[9] 许英博. 元宇宙：为何科技巨头纷纷入局 [EB/OL]. 中信证券，2021-6-17.

[10] 方光照. 元宇宙：从架构到落地 [EB/OL]. 开源证券，2021-11-16.

[11] 易凯资本. 从 0 到 ∞，我们眼中的元宇宙 [EB/OL]. 2021-8.

[12] 王冠然. 元宇宙：从体验出发，打破虚拟和现实的边界 [EB/OL]. 中信证券，2021-6-25.

[13] 宋嘉吉. 算力重构，通向 Metaverse 的阶梯 [EB/OL]. 国盛证券，2021-08-1.

[14] 刘怀洋. 城市空间信息引擎 [EB/OL]. 悉见，2021-10-1.

[15] 尹沿技，张天，等."数字未来"系列一：元宇宙，未来数字绿洲入口已打开 [EB/OL]. 华安证券，2021-05-17.

[16] 光鉴科技. ToF 深度相机技术白皮书 [EB/OL]. 2020-4-2.

[17] 孔蓉. Roblox 深度报告：Metaverse 第一股，元宇宙引领者 [EB/OL]. 天风证券，2021-5-24.

[18] 冯翠婷. 文浩. 游戏系通往虚拟现实的方舟 [EB/OL]. 天风证券，2021-5-01.

[19] 中信证券. Epic-Games，迈向元宇宙的游戏独角兽 [EB/OL]. 2021-8-20.

[20] 付天姿，刘凯. 元宇宙行业深度研究报告：为什么元宇宙是下一代互联网？[EB/OL]. 未来智库，2021-12-10.

[21] 左鹏飞. 最近大火的元宇宙到底是什么？[EB/OL]. 中国社会科学院数量经济与技术经济研究所，2021-09-13.

[22] 德勤 Deloitte. 元宇宙系列白皮书——未来已来：全球 XR 产业洞察 [EB/OL]. 华西证券，2021-12.

[23] 虚拟现实内容制作中心. 虚拟/增强现实内容制作白皮书 [EB/OL]. 2020-4.

[24] 天风证券. AR 光学显示系统剖析：LCOS\DLP\ 硅基 OLED 方案齐放，Micro-LED+ 光波导未来可期 [EB/OL]. 2021-07-07.

[25] Omdia，MicroDisplay. 一文看懂微显示技术 MicroLED、硅基 OLED、LCOS、LCD[EB/OL]. 广发证券，2021-12-13.

[26] 天风证券. 硅基 OLED 深度报告：下一代显示技术，军转民，ARVR 打开成长空间 [EB/OL]. 2020-7-23.

[27] 易凯资本. 2021 元宇宙报告 [EB/OL]. 2021-8.

[28] 刘泽晶. 元宇宙，下一个"生态级"科技主线 [EB/OL]. 华西计算机团队，2021-9-8.

[29] 黄海琪. VR 设备行业研究报告：元宇宙基石 [EB/OL]. 头豹研究院，2021-7.

[30] 中国电子技术标准化研究所. 虚拟现实产业发展白皮书 [EB/OL]. 工信部，2016-4-14.

[31] 赛迪智库电子信息研究所. 虚拟现实产业发展白皮书（2019-）[EB/OL]. 赛迪智库，2019-10.

[32] 中国电子信息产业发展研究院. 虚拟现实产业发展白皮书（2021-）[EB/OL]. 赛迪研究院，2021-10.

[33] Sofa. AMD 推出 TrueAudio Next 技术旨在提升 VR 音效真实感 [EB/OL]. https://www.jianshu.com/p/f5a030fb0b0d?utm_campaign=maleskine&utm_content=note&utm_medium=seo_notes&utm_source=recommendation，2016-8-23.

[34] 易水寒. 什么是 VR？VR 技术原理和发展过程及核心技术分析 [EB/OL]. http://m.elecfans.com/article/797975.html，2018-10-14.

[35] 鲈鱼. 一张图了解 VR 设备进化史 上世纪早有头戴式显示器 [EB/OL]. https://games.qq.com/a/20160831/023025.htm，2016-08-31.

[36] 刘崇进. 沉浸式虚拟现实的发展概况及发展趋势，计算机系统应用 [J]. 2019，28（3）：18-27.

[37] 联想. 联想混合现实与计算机视觉技术白皮书 [EB/OL]. 联想官网，2020.

[38] 方军. 区块链超入门 [M]. 北京：机械工业出版社，2019.

[39] 张亮，刘百祥. 区块链技术综述 [J]. 计算机工程，2019，(5).

[40] 谢辉，王健. 区块链技术及其应用研究 [J]. 信息网络安全，2016，(9).

[41] 祝烈煌，高峰，等. 区块链隐私保护研究综述 [J]. 计算机研究与发展，2017，54（10）.

[42] 枯叶子. 亲，你淘的区块链到了！[EB/OL]. 2016-9.

[43] 千锋教育. 区块链技术的工作原理 [EB/OL]. www.sohu.com/a/275522080_100111840，2018-11-15.

[44] 何蒲，于戈. 区块链技术与应用前瞻综述 [J]. 计算机科学，2017，4.

[45] 曹傧，林亮，等. 区块链研究综述 [J]. 重庆邮电大学学报（自然科学版），2020.

[46] 袁勇，王飞跃. 区块链技术发展现状与展望 [J]. 自动化学报，2016，42（4）.

[47] 韩玉仁，李铁军，杨冬. 增强现实中三维跟踪注册技术概述 [J]. 计算机工程与应用. 2019，55（21）.

[48] 王余涛. 基于增强现实的协同式装配系统研究 [D]. 合肥：中国科学技术大学，2012.

[49] li, meiyong. 一文看懂主流 AR 眼镜的核心显示技术——光波导 [EB/OL]. 2022-1-17.

[50] 李琨. 揭秘主流 AR 眼镜核心显示技术光波导原理，了解其背后的挑战！[EB/OL]. 雷锋网，2019-07-22.

[51] 李琨. 揭秘光波导核心原理，了解 AR 眼镜背后的挑战（上）[EB/OL]. 雷锋网，2019-5-30.

[52] 李琨. 揭秘光波导核心原理，了解 AR 眼镜背后的挑战（下）[EB/OL]. 雷锋网，2019-7-16.

[53] 元宇宙产业生态白皮书. 元宇宙重点企业及主要产品 [EB/OL]. 元宇宙产业生态白皮书，2022-6-4.